Misterios

Problem Solving for Intermediate Students

Richard S. Magenis
with
Isaac Goldemberg
Alicia E. Cisneros

Longman

Misterios: Problem Solving for Intermediate Students

Executive editor: Lyn McLean
Production Editor: Liza Pleva
Text Design: Curt Belshe
Electronic Production Coordinator: Kim Teixeira
Cover and text art: Ellen Kelsey

ISBN 0-8013-1651-0

1 2 3 4 5 6 7 8 9 10—MVA—01 00 99 98 97 96

CONTENIDO

This book is dedicated to the students of Greenwich Country Day School, as their enthusiasm and curiosity inspired its development.

REMARKS TO STUDENTS

Welcome to *Misterios*! We invite you to join forces with Carolina Cisneros, our teenage detective, as she solves a variety of mysteries, all in Spanish. Carolina deals with many cases, ranging from a romantic puzzle to a kidnapping.

In each mystery your teacher will guide you through a series of visual and aural clues as you work with Carolina to find out what really happened. Be with her as she investigates the crime scene and interviews witnesses or possible suspects. Look carefully at the drawing that begins each mystery and listen well to Carolina's dialogues on the audio tape. Don't worry if you don't understand everything that is said; the people speaking on the tape are native speakers, talking at a normal rate. If you can get the basic idea of what they're talking about, you're doing fine. You can always refer to the tapescript of the dialogues in the back of *Misterios*. In fact, we urge you to do just that—it's a great learning tool put there for your use! The answers to each point raised during Carolina's investigation are also available in Spanish in the *Preguntas y respuestas* section, which follows her dialogues in the back of the book.

Your teacher may decide to put you with two or three classmates in a conversation group in which you can work together to solve the crime. It's great fun to brainstorm in Spanish as you all try to figure out "who did it."

We have highlighted certain Spanish vocabulary to help you move from clue to clue as you resolve each mystery. Try to learn the most frequent expressions like *la clave* (clue). After you have done a couple of chapters, you will have the basic vocabulary needed to attack each new mystery with energy and confidence.

REMARKS TO TEACHERS

WHAT IS *MISTERIOS?*

Teenagers love mysteries and are intrigued by the problem-solving process. Why not give them a series of crimes to solve, entirely in Spanish, as they assist a youthful sleuth in her quest for justice?

Misterios, with its accompanying audio tape, presents twelve mystery scenarios for intermediate and advanced Spanish students to solve. Carolina Cisneros, a teenage detective, is the central figure in the resolution of each mystery. Each chapter offers (1) a clue-laden drawing of the crime scene and (2) the tape of Carolina's interviews with witnesses and possible suspects to help the student follow a series of suggestions leading to the crime's solution.

We have designed *Misterios* to provide variety from more traditional classroom activities, as each mystery may be solved in 2-3 classes. All four language skills are addressed, as the clues from the taped dialogues will generate animated discussions in class. The dialogues contain authentic conversations in Spanish, and include the compound tenses and the subjunctive. Because the dialogues may be challenging to intermediate students, the tapescript to each dialogue and the Spanish answers to the suggestions guiding the students' quest are available in the back of the book. Moreover, each chapter contains two pages of hints about the mystery's solution, with essential vocabulary detailed at that time. Once the crime is solved, the *¡A escribir!* section offers a writing assignment that reviews what occurred. Also, the *¡Ponte al día!* section of each chapter contains a reading on an aspect of hispanic culture related to the theme of the mystery.

Proper use of the past tenses, particularly the preterite and the imperfect, remains a major obstacle in developing oral proficiency. This is evidenced by the ACTFL guidelines, which use the ability to speak comfortably in the past as a major difference between an intermediate and an advanced speaker. *Misterios* offers an intriguing vehicle to promote real involvement by your students in solving a mystery in Spanish. Since they must speak and write about past events, they will improve their ability to speak at length about a topic, while using the preterite and imperfect tenses.

HOW DOES ONE USE *MISTERIOS?*

While one mystery is not notably more difficult than another, we suggest that you begin with Capítulo 1, "La llamada misteriosa", as certain high-frequency terms used throughout the book are explained there. Once a vocabulary word has been translated in a given chapter, the translation is not repeated.

Note that each chapter consists of four pages in the first half of the book: the drawing of the crime scene; two pages of *Ideas para guiar a los estudiantes,* which offer suggestions on how one might solve the mystery with critical vocabulary presented; and *¡Ponte al día!,* a single-page reading on hispanic culture. The tapescript for Carolina's dialogues and the *Preguntas y respuestas* section, which provides explanations in Spanish to the suggestions made in *Ideas para guiar a los estudiantes,* are located in the second half of the text, beginning on page 48.

Most of the mysteries begin with a discussion of what is going on in the drawing of the crime scene. The development of your students' oral proficiency remains the central objective of the book, so it is important that your class be comfortable talking in Spanish and have a basic grasp of how to use the preterite and imperfect tenses. Even with classes of thirty or more students, animated exchanges can occur by forming conversation groups of two to four friends who then share their ideas before a class-wide discussion takes place.

We recommend that the teacher follow the thoughts presented in the *Ideas para guiar a los estudiantes* section of each mystery, either referring to the drawing or playing the appropriate dialogue. This provides visual and aural clues for the conversation groups to respond to. Many classes will profit from the dialogue being played more than once or by reading the tapescript before listening to the dialogue itself. As the class proceeds along the road to solving the mystery, they may refer to the *Preguntas y respuestas* section of the book to confirm their findings. The writing assignment in *¡A ecribir!* and the reading in *¡Ponte al día!* offer important closure exercises to each chapter.

HOW TO TEACH CAPÍTULO 1

Your students are already acquainted with Carolina from reading the Preface. Certain high-frequency expressions like *el crimen, la clave,* and *seguir pistas* should be learned at once.

The introductory paragraph in Capítulo 1 provides background for the mystery. An opening question to the class like "¿Cómo conocía Carolina a la familia Campo?" should allow for a quick entry into the gist of the situation. Using the sequencing given in *Ideas para guiar a los estudiantes*, the resolution of the mystery might occur as follows.

A.   ¿Qué vemos en la primera escena?
— The class discusses what they see in their conversation groups. They may refer to *Preguntas y respuestas* on page 50 to see a sample response in Spanish. Reinforce expressions like *nos parece* and *regresar = volver,* as they facilitate reaction to the text. Students may want to discuss the rest of the drawing and throw out an immediate hypothesis about the mystery. Discourage this by emphasizing that they may only speak in Spanish and that any "quick solution" would simply be a guess. They need all the data to solve the drama properly.

B.   Escucha el diálogo N°1. ¿Qué pensó ella (Carolina) de esta llamada?
— The students should get the thrust of the conversation on the first or second try. A few questions like "¿Por qué no la tomó en serio Carolina?" will clarify the situation. Students need not refer to *Preguntas y respuestas* to verify their answers unless they are struggling. Unique expressions like *te las vas a ver conmigo* may require explanation, but it is more important that the class know common vocabulary like *la broma, por supuesto, molestar, tratar de.*

C.   Escucha el diálogo N°2. ¿Qué le pareció la situación?
— Make the class aware of the time sequence (¿Qué hora era cuando sonó el teléfono?) as Carolina begins to suspect that something is wrong. Be sure

that students know expressions used frequently in conversation like *¿Qué le pareció?* and *déjame en paz*. Also, structures like *le dijo que llegaría* are helpful when summarizing the situation.

D. Escucha el diálogo N°3. ¿Qué hizo Carolina?
— Students should now quickly grasp what is going on. Expressions like *poner un localizador* and *trate de hacerle hablar* may need clarification. Note that *averiguar* appears often in *Misterios* and that structures like *para que el localizador pudiese ubicar la llamada* permit review of the subjunctive.

(This is a good place to end the first class, with an oral summary of what has happened assigned as homework for the next day. Certain critical vocabulary should also be studied.)

E. Miramos la segunda parte del dibujo. ¿Puedes explicar quién es este hombre?
— The picture of an escaped prisoner and its implication are obvious, but can the class explain it in Spanish?
— Expressions like *se ve un hombre* will be used often throughout this book.

F. Escucha el diálogo N°4. ¿Puedes resumir la aventura del hombre extraño?
— This dialogue can be divided into two parts with the teacher assisting comprehension by asking specific questions like "¿Es de este pueblo el desconocido?" "¿Por qué asustó a Carolina?" "¿Qué pasó después que él se escapó de la cárcel?"
— Once the students understand what has happened, each conversation group might like to invent a quick summary of how the prisoner escaped and then present it to the class. It's a lively situation, which lends itself to expression in the preterite and the imperfect. Who can come up with the most original story?

G. Escucha el diálogo N°5. ¿Qué noticias horribles recibió Carolina?
— This short conversation gives the punch line to the mystery and can be replayed several times to insure comprehension.
— It might also be interesting to have the class read the explanation in *Preguntas y respuestas* on page 51 and then see who can explain what happened in Spanish without glancing at the book.

H. Mira la tercera parte del dibujo. ¿De qué se dio cuenta Carolina?
— Can the students explain the drama without reference to the answer in *Preguntas y respuestas*?
— *Darse cuenta* is a major idiom used throughout this text.

I.   ¿Puedes crear tu propia conclusión de este cuento?
— This provides each group the chance to process what happened in Spanish. Here the teacher needs to be a resource person, wandering from group to group listening, encouraging and helping out when appropriate.
— If the students can explore their reactions to the story in a conversation group, they will have little difficulty writing an interesting *¡A escribir!* essay at home that evening. In time, this process will become familiar to them.
(This concludes day 2 and the formal presentation of the mystery.)

The next day students will want to share their ideas on how the mystery was solved. Was Carolina saved or not? This can best be done in their conversation groups, with perhaps the best conclusions presented to the entire class. The reading in *¡Ponte al día!* speaks of teenage girls playing pranks on the phone in Venezuela. It relates Carolina's adventure to the real world and underscores just how much alike we all are.

We designed *Misterios* to enrich your Spanish curriculum by providing an exciting way to stimulate conversation and to improve your students' ability to express themselves in the past tenses. The structure of *Misterios* allows for creative interaction between students through role play, where they might enact parts of the crime itself, or by acting out one of Carolina's interviews. Perhaps they would like to change the scenario by adding a different "twist" to the script or by introducing a new witness? Wouldn't it be fun to prepare a radio or TV broadcast announcing the crime?

Any of these ideas might work in your class. We hope that you will find them helpful as you pursue the adventures that await Carolina.

PREFACIO

QUISIERA[1] **PRESENTARTE A CAROLINA CISNEROS**

Carolina es una joven hispana de dieciséis años, que vive con su familia en una ciudad de los Estados Unidos y que *juega un papel*[2] importante en los misterios de este libro. Ella es una muchacha típica de su edad. Le gusta llevar siempre un *pañuelo con lunares*[3]. Asiste al colegio Simón Bolívar y tiene muchos intereses: los deportes, la música, la naturaleza y sus amigos. También le gustan sus estudios, sobre todo las ciencias. Carolina tiene una *faceta*[4] que sólo su familia y sus amigos del colegio y del *barrio*[5] conocen. Ella es detective. Como es muy inteligente y observadora, ha podido *resolver*[6] más de un misterio, incluidos varios *crímenes*[7].

---

1 Quisiera: I would like
2 juega un papel: plays a role
3 pañuelo con lunares: polkadot scarf
4 faceta: characteristic

5 barrio: neighborhood
6 resolver: to solve
7 crímenes: crimes

En sus *ratos libres*[8] Carolina prefiere *charlar*[9] con sus amigos, buenas *fuentes*[10] de información. Le fascina observar los *detalles*[11] de la vida que transcurre en su barrio. Ella se divierte descubriendo e investigando *amores*[12] secretos, *secuestros*[13], llamadas misteriosas, asesinatos, incendios, etc. Cuando era niña leía las aventuras de Nancy Drew, la joven y famosa detective, y *soñaba con llegar a ser*[14] como ella. Durante el *año escolar*[15] Carolina trabaja en una oficina y pasa los veranos como *consejera*[16] en un *campamento*[17].

Carolina lleva una vida verdaderamente *plena*[18], en *la cual*[19] siempre hay *espacio*[20] para sus amigos; ella tiene tiempo para *los que*[21] buscan su ayuda. Ahora vas a ver a Carolina en situaciones muy interesantes, investigando, descubriendo *claves*[22] y *siguiendo pistas*[23]. Ven, acompaña a Carolina en esta aventura. *Comparte*[24] con ella el *placer*[25] de resolver un misterio y ayúdala a hacerlo *con éxito*[26]. ¡Diviértete y que viva la aventura!

---

8 ratos libres: free time
9 charlar: to chat
10 fuentes: sources
11 detalles: details
12 amores: loves
13 secuestros: kidnappings
14 soñaba con llegar a ser: dreamed of becoming
15 año escolar: school year
16 consejera: counselor
17 campamento: camp
18 plena: full
19 la cual: which
20 espacio: room
21 los que: those who
22 claves: clues
23 siguiendo pistas: following leads
24 Comparte: Share
25 placer: pleasure
26 con éxito: successfully

Capítulo 1

La llamada misteriosa

IDEAS PARA GUIAR A LOS ESTUDIANTES

Acabamos de conocer a Carolina a quien le gusta cuidar a los niños de sus vecinos, la familia Campo. Carolina se siente muy cómoda en la casa de los Campo porque los conoce bien y ya ha cuidado a sus hijos muchas veces. ¡Qué suerte tienen los padres de Carolina y los padres de los niñitos Campo! Ellos pueden ir a la ciudad a cenar y regresar a cualquier hora porque tienen plena confianza en Carolina.

A.   Tenemos un dibujo en el cual hay tres escenas distintas. ¿Qué vemos en la primera escena?

la llamada - the phone call; *cuidar* - to care for, babysit; *el vecino* - neighbor; *ha cuidado* - has taken care of; *regresar = volver; a cualquier hora* - at any time; *nos parece* - it appears to us; *descansar* - to relax, rest; *la línea telefónica* - phone line.

B.   Escucha el diálogo N°1. Son las once de la noche y Carolina recibe una llamada misteriosa. ¿Qué pensó ella de esta llamada?

suena el teléfono - the phone rings; *dígame* - hello, speak to me; *recuerdo* - I remember; *la misma broma* - the same prank; *quisiste asustarme* - you tried to frighten me; *te las vas a ver conmigo* - I'm going to get you; *por supuesto* - of course; *molestar* - to bother; *cuelga* - she hangs up the phone; *la voz desconocida* - the unknown voice; *tratar de* - to try to; *una broma parecida* - a similar prank; *tomar en serio* - to take seriously; *hablará* - she will talk.

C.   Escucha el diálogo N°2. Han pasado diez minutos y Carolina recibe otra llamada mucho más seria. ¿Qué le pareció a ella la situación?

han pasado - have passed; *serio(a)* - serious; *¿qué le pareció?* - how did it seem to her?; *¡déjame en paz!* - leave me alone!; *no te preocupes* - don't worry; *llegaré pronto* - I'll be there soon; *¡pronto lo sabrás!* - you'll know soon!; *dijo que llegaría* - he said that he would arrive.

D.   Escucha el diálogo N°3. ¿Qué hizo Carolina?

raro(a) - strange; *amenazar* - to threaten; *¡ayúdeme!* - help me!; *cálmese* -calm down; *poner un localizador* - to put a trace; *averiguar* - to find out; *el alivio* - relief; *si la vuelve a llamar* - if he calls you back; *trata de hacerlo hablar* - try to get him to talk; *lo haré* - I'll do it; *ubicar* - to locate; *estar agradecido(a)* - to be grateful.

E.   Ahora miremos otra vez el dibujo, sobre todo la segunda parte. ¿Qué ves? ¿Puedes explicar quién es este hombre?

se ve un hombre - *a man is seen;* **el bosque** - *woods;* **un preso peligroso** - *a dangerous prisoner;* **la cárcel** - *jail.*

🎧 **F.**   Escucha el diálogo N°4. Vas a escuchar la historia del hombre extraño. ¿Puedes resumir su aventura?

resumir - *to summarize;* **de repente** - *suddenly;* **adivina** - *guess;* **deje de asustarme** - *stop frightening me;* **el pueblo** - *town;* **he venido a buscarte** - *I have come to find you;* **¿Qué le he hecho a usted?** - *What have I done to you?;* **un sitio** - *a place;* **la libertad** - *freedom;* **esconderse** - *to hide;* **escondido** - *hidden;* **el fantasma** - *ghost;* **la sombra** - *shadow;* **me asusté** - *I was frightened;* **correr** - *to run.*

🎧 **G.**   Escucha el diálogo N°5. Carolina va a recibir noticias que le darán pánico. ¿Por qué?

las noticias - *news;* **dar pánico** - *to panic (someone);* **colgar** - *to hang up the phone;* **¡No cuelgue!** - *Don't hang up!;* **no puede ser** - *it can't be;* **¡Auxilio!** = **¡Socorro!** - *Help!;* **el extraño** - *the stranger;* **la patrulla** - *patrol car;* **tener prisa** - *to be in a hurry.*

H.   Mira bien la tercera parte del dibujo. Carolina se dio cuenta de una cosa espantosa. ¿Qué es? ¿Y qué pasa en este momento en la casa de los Campo?

darse cuenta - *to realize;* **el teléfono desde donde** - *the phone from where.*

I.   ¿Puedes crear tu propia conclusión de este cuento? ¿Cómo terminó este drama? La policía llegó a tiempo, ¿verdad? (Charla en grupos de tres o cuatro estudiantes para formar tus ideas.)

crear - *to create;* **tu propia conclusión** - *your own ending;* **llegar a tiempo** - *to arrive in time;* **salvar la vida** - *to save the life of ...*

¡A ESCRIBIR!

Al final Carolina sobrevivió la experiencia con el extraño delincuente gracias a que la policía llegó a tiempo. ¡Imagínate qué historia les contará a sus padres cuando regresen de la ciudad! Describe, en el pasado, lo que ocurrió durante esta noche llena de aventuras.

al final - *at the end;* **imagínate** - *just think.*

¡PONTE AL DÍA!

BROMAS TELEFÓNICAS

(Una muchacha de Venezuela nos habla de sus bromas por teléfono.)

Una tarde no había nadie en casa para supervisarnos. Mis hermanos y yo jugábamos a hacer llamadas a personas desconocidas: abríamos la *guía telefónica*[1] en cualquier página, *señalábamos*[2] un número de teléfono con los ojos cerrados y luego, turnándonos ("Ahora *te toca a ti*[3]"), lo *marcábamos*[4] para hacer *una broma*[5]. Por ejemplo si la persona a quien llamábamos decía "Aló, ¿quién es?", nosotros contestábamos "Es la vieja Inés" y colgábamos el teléfono inmediatamente. Nos reíamos mucho. Si la persona contestaba "Aló, ¿quién llama?", nosotros decíamos "El que nunca sale de su cama" y de nuevo nos reíamos *a carcajadas*[6]. Nosotros sabíamos que las personas al otro lado de la línea *se ponían*[7] furiosas y eso nos causaba *aún más risa*[8].

Este tipo de bromas telefónicas eran realmente inofensivas y lo hicimos varias veces al día por un mes, hasta que llegó la cuenta del teléfono. Tuvimos una reunión familiar — mamá, mis dos hermanos y yo. ¡Malas noticias! En *la cuenta*[9] aparecían muchos números de teléfonos desconocidos y mi mamá nos preguntó si sabíamos algo. *Los tres*[10] nos miramos y no pudimos *aguantarnos*[11] la risa y entonces contamos la verdad de lo que *habíamos hecho*[12].

Por supuesto, mamá nos *castigó*[13]. Recibiríamos un bolívar menos de nuestra *propina semanal*[14] hasta pagar los 30 bolívares que *habíamos gastado*[15] haciendo bromas por teléfono. Además, nos prohibieron ver televisión por dos semanas.

Desde[16] ese día no volvimos a usar el teléfono para hacer este tipo de *tonterías*[17] nunca más. Aprendimos que no era justo *malgastar*[18] el tiempo de otras personas y mucho menos el dinero de mamá.

---

1 guía telefónica: telephone book
2 señalábamos: we picked out
3 te toca a ti: it's your turn
4 marcábamos: we dailed
5 una broma: a joke
6 a carcajadas: out loud
7 se ponían: were becoming
8 aún más risa: even more laughter
9 la cuenta: the bill
10 Los tres: The three of us
11 aguantarnos: control
12 habíamos hecho: we had done
13 castigó: punished
14 propina semanal: weekly allowance
15 habíamos gastado: we had spent
16 Desde: Since
17 tontería: foolishness
18 malgastar: to waste

Capítulo 2

El secuestro

IDEAS PARA GUIAR A LOS ESTUDIANTES

A. Escucha el diálogo Nº1. ¿Cuál es la situación?

el secuestro - *kidnapping;* *¿Has visto?* - *Have you seen?;* *¿Dónde estará?* - *Where could he be?;* *desde anoche* - *since last night;* *bajó a dar las buenas noches* - *he came down to say goodnight;* *tal vez había ido a tu casa* - *perhaps he had gone to your house;* *hace unos minutos* - *a few minutes ago;* *el cartero* - *the mailman;* *el rescate* - *ransom;* *Pepito fue secuestrado* - *Pepito was kidnapped;* *salió apurado* - *he left in a hurry;* *uno trabaja tanto* - *one works so much;* *¡Qué desgracia!* - *How unfortunate!;* *mi propio negocio* - *my own business;* *prestar atención* - *to pay attention.*

B. Mira bien el dibujo. ¿Qué ves?

la manta - *the blanket;* *la almohada* - *the pillow;* *las sábanas* - *the sheets;* *desordenado(a)* - *in disorder;* *el suelo* - *the floor;* *los niños exploradores* - *Boy Scouts;* *el sobre* - *the envelope;* *la casa de correos* - *the post office;* *está medio abierta* - *it is half open;* *el agujero* - *the hole;* *el vidrio de la ventana* - *the window pane.*

C. Escucha el diálogo Nº2. Carolina habla con la Sra. Pérez. ¿Qué información nueva hay?

dígame - *tell me;* *una lucha* - *a fight, struggle;* *mantener la sangre fría* - *to keep our heads;* *falta algo de ropa* - *some clothing is missing;* *el saco de dormir* - *the sleeping bag;* *acampar* - *to camp out.*

D. Mira el dibujo otra vez, sobre todo la ventana. La madre de Pepito creyó que había habido un secuestro, pero Carolina no estaba tan segura. ¿Por qué?

sobre todo - *especially;* *tan seguro(a)* - *so sure;* *había sido escrita* - *had been written;* *abajo ≠ arriba* - *above ≠ below;* *pedazos de vidrio* - *pieces of glass;* *roto(a)* - *broken;* *desde afuera* - *from the outside;* *desde adentro* - *from the inside.*

E. Escucha el diálogo Nº3. Carolina habla con Manuel, el amigo de Pepito. ¿Qué le dijo Manuel?

¡Qué sorpresa! - *What a surprise!;* *ha desaparecido* - *he has vanished;* *lo noté bastante triste* - *I noticed that he was pretty sad;* *se quejó* - *he complained;* *el lugar en el bosque* - *the place in the woods;* *él se había sentido mejor allí* - *he had felt better there;* *oye* - *listen;* *te diré* - *I'll tell you;* *nos vemos en un rato* - *we'll see each other soon;* *le faltaba algo* - *he missed or lacked something.*

F. Escucha el diálogo N°4. El padre de Pepito acaba de llegar de su oficina y habla con la Sra. Pérez y con Carolina. ¿De qué hablaron?

¿Ya apareció Pepito? - *Has Pepito shown up?*; *ha venido* - *she has come*; *acabo de hablar* - *I have just spoken*; *no se trata de un secuestro sino de una fuga* - *it's not about a kidnapping, but rather a runaway*; *¿Qué quieres decir?* - *What do you mean?*; *el piso = el suelo* - *floor*; *delante de ≠ detrás de* - *in front of ≠ behind*; *se ha escapado* - *he has left*; *desordenar* - *to mess up*; *simular* - *to simulate*; *sano y salvo* - *safe and sound*; *el cariño* - *affection*; *según Carolina* - *according to Carolina*.

G. Ahora tenemos que crear un cuento para describir lo que pasó cuando el Sr. Pérez y su esposa encontraron a Pepito en el bosque. Si quieres, puedes juntarte con dos o tres estudiantes para charlar. (¡Puedes encontrar una versión al final del libro!)

juntarse con - *to get together*; *al final de* - *at the back of*; *seguir* - *to follow*; *un abrazo* - *a hug*; *cariñoso(a)* - *loving*; *llorar* - *to cry*; *la alegría* - *happiness*; *una sonrisa* - *a smile*.

¡A ESCRIBIR!

Supongamos que tú eres el joven Pepito. Después que te encontraron en el bosque, regresaste a casa con tus padres. Son las diez de la noche del mismo día del misterio. Describe en tu diario lo que pasó hoy. ¿Terminó bien o mal tu aventura?

¡PONTE AL DÍA!

NIÑOS DE LA CALLE

(Afortunadamente, Pepito no se escapó realmente de su casa. Sin embargo, en todas partes del mundo hay niños que sí lo hacen.)

Andrés, un amigo mío de Caracas, tuvo una experiencia curiosa cuando tenía 18 años. Un día él fue a un *parque de diversiones*[1] y vio a un niño de 12 años que sólo miraba las *máquinas*[2] sin montarse en ninguna de ellas. Andrés *se le acercó*[3] y le preguntó "¿Cómo te llamas?". El niño contestó "Me llamo Elvis". "¿Por qué no *te subes*[4] a las máquinas?", le preguntó Andrés. "Porque no tengo dinero para pagar *los boletos*[5]", contestó Elvis. *Se veía*[6] que el niño era pobre; sus ropas eran viejas y tenía los zapatos un poco rotos. Andrés le dijo que él le pagaba *cuantas veces*[7] *quisiera*[8] montarse en las máquinas. Elvis aceptó. Pasaron *varias*[9] horas divirtiéndose y luego llegó el momento de *despedirse*[10].

Andrés le preguntó a Elvis si podía llevarlo a su casa y el niño le contestó que él vivía en la calle. Entonces Andrés decidió traerlo a mi casa, donde durmió esa noche. *Al día siguiente*[11] acompañé a Andrés a llevar a Elvis a un *orfelinato*[12]. Para nuestra sorpresa, en el orfelinato conocían a Elvis y no querían aceptarlo porque él no quería ir a la escuela ni tampoco vivir en el orfelinato. Ya *se había escapado un par de veces*[13]. Elvis tenía una buena familia, pero tampoco quería vivir con ellos.

Elvis era un chico *rebelde*[14] y sólo quería estar libre para *vagar*[15] por las calles. Para mí esto fue una sorpresa. Yo siempre pensé que los niños de la calle no tenían familia. ¿Quién quiere vivir en las calles, pasar frío y hambre? Nunca comprendí por qué Elvis prefería vivir en las calles y no en su casa con su familia. ¿Y tú? ¿Lo comprendes? ¿Qué le *dirías*[16] si *pudieras*[17] hablar con él?

---

1 parque de diversiones: amusement park
2 máquinas: machines
3 se le acercó: approached him
4 te subes: you go up
5 los boletos: tickets
6 Se veía: Was obvious
7 cuantas veces: as many times
8 quisiera: would like
9 varias: several
10 despedirse: to say good-bye
11 Al día siguiente: The following day
12 orfelinato: orphanage
13 se había escapado un par de veces: he had escaped twice
14 rebelde: rebellious
15 vagar: to wander
16 dirías: would you say
17 pudieras: you could

Capítulo 3

¿Quién mató al tío Francisco?

IDEAS PARA GUIAR A LOS ESTUDIANTES

Hace mucho tiempo que Carolina conoce al Sr. Francisco Murillo. Lo llama "tío", aunque no es su tío de sangre, porque es un viejo muy simpático que la trata con mucho cariño. Tiene setenta y dos años y sufre de una enfermedad bastante grave desde hace un año. Ahora don Francisco vive con su hermano menor, Juan, porque los dos perdieron a sus esposas en un accidente hace unos meses, en julio. Ayer Carolina estaba caminando por la calle cuando vio a la policía delante de la casa de don Francisco. ¡Y por supuesto, entró para averiguar lo que pasaba!

> *no es de sangre* - *not related by blood;* **una enfermedad** - *an illness;* **delante de** - *in front of.*

A.   Mira el dibujo del cuarto. ¿Qué ves?

> *la chimenea* - *fireplace;* **el cuerpo** - *body;* **cubierto con una sábana** - *covered with a bedsheet;* **una pistola** - *pistol;* **encima de** - *above;* **no puedo seguir viviendo** - *I can't go on;* **la mesita** - *small table;* **una taza con marcadores** - *a cup with markers;* **una hoja de pedidos** - *order form;* **un catálogo** - *catalogue;* **"Libros por correo"** - *books by mail.*

B.   Escucha el diálogo Nº1. ¿Qué pasó con don Francisco Murillo? ¿Qué dijeron Juan Murillo, Alonso Pelufo y el policía?

> *una muerte* - *a murder;* **está muerto** - *he's dead;* **lo encontré** - *I found him;* **hace un rato** - *a little while ago;* **al lado de** - *next to;* **la peluquería** - *barber shop;* **un disparo de pistola** - *a pistol shot;* **tirado en el piso** - *lying on the floor;* **la sangre** - *blood;* **un asunto** - *matter, task;* **el corazón** - *heart;* **hecho a corta distancia** - *done at close range;* **hubo una lucha** - *there was a struggle;* **hacer un par de llamadas** - *to make a pair of phone calls;* **no se muevan hasta que regrese** - *don't move until I come back;* **con permiso** - *excuse me.*

C.   Escucha el diálogo Nº2. ¿Le dijo Juan la verdad al policía?

> *la carpintería* - *carpenter shop;* **me di cuenta de que me había olvidado** - *I realized that I had forgotten;* **la bolsa de herramientas** - *toolbag;* **el asesino** - *murderer;* **un motivo** - *a motive, reason;* **discutir** - *to argue;* **un seguro de vida** - *life insurance policy;* **valer** - *to be worth;* **simular** - *to simulate;* **el suicidio** - *suicide;* **mentir** - *to lie;* **me olvidé** - *I forgot;* **recoger** - *to get, obtain;* **¿Se da cuenta por qué?** - *Do you realize why?*

D.   Ahora mira otra vez el dibujo de la sala. ¿Por qué no podía ser don Francisco quien escribió esta frase en el espejo?

alto ≠ bajo - tall ≠ short.

E.   Escucha el diálogo N°3. Según Juan, ¿qué pasó?

junto al espejo - next to the mirror; ***llegar hasta allí*** *- to reach up there;* ***los juegos de póker*** *- poker games;* ***amenazar*** *- to threaten;* ***no quiso pagarte*** *- he refused to pay you;* ***sacar*** *- to take out;* ***dispararse*** *- to go off (a gun);* ***cayó muerto*** *- he fell dead;* ***confundir*** *- to confuse;* ***¡Vaya qué cuento!*** *- Go on, what a story!*

F.   Escucha el diálogo N°4. Carolina acaba de entrar a la sala otra vez y parece lista para resolver el misterio. ¿Ya sabe ella quién fue el asesino?

un par de claves - a pair of clues; ***ha estado*** *- has been;* ***probar*** *- to prove.*

G.   Mira bien el dibujo otra vez. Carolina nos dijo que la prueba estaba allí, delante de nosotros. ¿Puedes verla? Si no, la respuesta te espera al final del libro.

pedir libros - to order books; ***zurdo(a)*** *- left-handed;* ***Juan sí sabía*** *- Juan certainly knew;* ***cometer una equivocación*** *- to make a mistake;* ***tal y como había dicho Juan*** *- just as Juan had said.*

¡A ESCRIBIR!

El policía resolvió este crimen con la ayuda de Carolina. Ahora él tiene que hacer un informe de lo que pasó a su capitán. Escríbelo por él usando el pasado.

¡PONTE AL DÍA!

LA GRAN FAMILIA LATINA

Es interesante descubrir que la familia latina puede ser más grande *de lo que uno se imagina*[1]. En muchos casos la familia íntima *va más allá*[2] de los parientes de sangre. El mejor amigo del papá, la mejor amiga de la mamá, la comadre de la abuela, el compadre del abuelo, el *padrino*[3] o la madrina de los hijos, los *llamados*[4] tíos o tías, todos son considerados parte de la familia *aunque*[5] *no tengan*[6] la misma sangre.

¿Que los mejores amigos pueden ser parte de la familia? Bueno, eso ocurre en todas partes del mundo. Pero el compadre y la comadre, ¿Qué es eso? Explico: En Colombia, un país *mayormente católico*[7], se acostumbra bautizar a los niños. Cuando los *padrinos*[8] no son de la familia de sangre, *se convierten*[9] en comadre y compadre. Este *lazo*[10] es tan fuerte y verdadero como *el sanguíneo*[11].

También es costumbre que el mejor amigo del papá, o la mejor amiga de la mamá, se conviertan en tíos de los niños de la familia, especialmente si no están *casados*[12]. El corazón latino *tiende a ser*[13] muy generoso cuando *se trata de*[14] incluir en la familia a personas muy queridas. No es raro encontrar en una fiesta íntima de familia, a tres o cuatro familias juntas que *se han conocido*[15] por generaciones. ¿Ocurre *lo mismo*[16] en los Estados Unidos? Explícate.

1 de lo que uno se imagina: than one can imagine
2 va más allá: goes farther than
3 padrino: godfather or father (in relation with one another)
4 llamados: so-called
5 aunque: even though
6 no tengan: they don't have
7 mayormente católico: mostly Catholic
8 padrinos: godparents
9 se convierten: become
10 lazo: link
11 el sanguíneo: blood relative
12 casados: married
13 tiende a ser: tends to be
14 se trata de: it's a matter of
15 se han conocido: have known each other
16 lo mismo: the same thing

Capítulo 4

¿Incendio accidental o premeditado?

IDEAS PARA GUIAR A LOS ESTUDIANTES

A. (El Sr. Esteban Montero, dueño de una tienda de deportes, está cenando en casa del Sr. Cisneros, su mejor amigo y padre de Carolina.) Escucha el diálogo N°1. ¿De qué hablaron y qué noticias recibió el Sr. Montero?

el incendio - fire; *el dueño* - owner; *el sabor* - taste, flavor; *la marca nueva* - the new brand; *la ropa deportiva* - sports clothing; *la flecha* - arrow; *cómodo(a)* - comfortable; *de moda* - in fashion; *las ventas* - sales; *la caja fuerte* - safe; *varios miles (de dólares)* - several thousand; *ni siquiera he tenido* -I haven't even had; *el banco* - bank; *¿en qué piensas?* - what are you thinking about?; *no has dicho una palabra* - you haven't said a word.

B. Mira el dibujo. ¿Qué ves?

el rincón - corner; *nevó* - it snowed; *las huellas* - footprints; *la puerta de al lado* - side door; *el callejón* - alley; *las botas* - boots; *un peinado raro* - a strange hairstyle.

C. Escucha el diálogo N°2. El policía les está haciendo preguntas a dos hombres y a una mujer. ¿Quiénes son y qué están haciendo allí? ¿Fue el incendio accidental?

Vine apenas me llamó mi esposa - I came as soon as my wife called; *el empleado* - employee; *la llave* - key; *son gente buena* - they're good people; *la Copa Mundial*- the World Cup; *los bomberos* - firemen; *vacío(a)* - empty; *quemarse* - to burn up; *a propósito* - on purpose; *cubrir* - to hide; *el robo* - robbery; *se acordó* - he remembered; *había desaparecido* - had vanished.

D. Mira bien otra vez el dibujo. ¿Puedes explicar las huellas en la nieve? ¿Son iguales todas las huellas?

una hilera de huellas - a trail of footprints; *hondo(a)* - deep; *el tamaño* - size; *la marca del talón* - heelmark; *pesado(a)* ≠ *ligero(a)* - heavy ≠ light; *caminar para atrás* - to walk backwards; *confundir* - to confuse.

E. Ahora escucha el diálogo N°3. El policía le dice a Carolina lo que descubrió acerca del robo.

acerca del robo - regarding the robbery; *el estante* - shelf.

🎧 **F.** Escucha el diálogo N°4 en el que Carolina habla con Alberto. ¿Qué averiguó ella?

ha sido un gran éxito - it has been a great success; *el sueldo* - salary; *quiere que nos casemos* - she wants us to get married; *nos va bien aquí* - we're doing well here; *la cerveza* - beer; *pedir la comida* - to order food; *se le había manchado el vestido* - she had spilled something on her dress; *la ladrona* - female thief; *orgulloso(a)* - proud.

G. Entonces, ¿quién fue el criminal y por qué lo hizo? Puede ser el Sr. Montero, Alberto o Anita. En grupos de tres o cuatro estudiantes hablen de sus ideas. Carolina va a resolver el misterio en el siguiente diálogo. (Hay algunas ideas para ayudarte a descubrir al culpable al final del libro.)

el culpable - the guilty party; *coger* - to take; *incendiar* - to start a fire.

🎧 **H.** Escucha el diálogo N°5 en el que Carolina habla con Anita.

un rociador de pelo - hair spray; *¿Hay necesidad de buscar?* - Do we have to look?; *crucé el callejón* - I crossed the alley; *te lo ruego* - I beg of you; *devolveré el dinero* - I'll return the money; *¡ten compasión de mí!* - have mercy on me!; *un delito* - a crime; *la culpabilidad* - guilt; *las del Sr. Montero* - those of Mr. Montero; *su amado* - her beloved.

NOTA CULTURAL:

El fútbol es el deporte más popular del mundo. Cuando la Copa Mundial se celebró en los Estados Unidos durante el verano de 1994, casi dos mil millones de personas vieron los partidos por televisión. Una cosa curiosa es que en los Estados Unidos hay más muchachas que juegan al fútbol que en cualquier otro país del mundo. Y por eso, ¡las muchachas norteamericanas fueron las primeras campeonas del mundo!

¡A ESCRIBIR!

Al final del episodio el dueño le explicó a su esposa lo que Anita hizo por amor. Empleando el pasado, escribe su explicación de por qué lo hizo. ¿Qué pensó el Sr. Montero de los motivos de Anita?

¡PONTE AL DÍA!

EL MUNDIAL DE FÚTBOL

El título oficial de este evento es *La Copa Mundial*[1] FIFA y para competir, el país debe ser miembro de la FIFA: Federación Internacional de Fútbol Asociado. En 1993 esta federación tenía 178 países y 9 miembros asociados. La Copa Mundial se juega cada cuatro años entre el ciclo de los juegos olímpicos. Veinticuatro equipos forman parte del *torneo*[2]: 13 equipos de Europa, 3 de Suramérica, 3 de África, 2 de Asia, 2 de Norteamérica y Centroamérica y el último equipo es el *ganador*[3] de Oceanía contra un equipo de Suramérica. Desde 1930 hasta 1994 *se han jugado*[4] 14 Copas Mundiales de Fútbol. En casi todos los torneos salió ganador *el equipo de casa*[5]. El único país latinoamericano que ha podido ganar en Europa ha sido Brasil. Ningún equipo europeo ha resultado campeón en el continente americano.

En 1994, la última Copa Mundial fue celebrada en los Estados Unidos, uno de los últimos países en participar en este torneo. Se jugaron 52 partidos en varias ciudades: Boston, Dallas, Detroit, Los Ángeles, Nueva York, Orlando, San Francisco y Washington. El partido final fue entre Brasil e Italia. Al final del partido tuvieron que *desempatar*[6] el juego con penaltis. El mejor jugador italiano, Roberto Baggio, *falló*[7] uno de los penaltis y Brasil ganó 4 a 3.

La próxima Copa Mundial *tendrá lugar*[8] en Francia en 1998 y esta vez participarán 28 países. Brasil, por ser el *actual*[9] campeón, y Francia, por ser el *país anfitrión*[10], ya están clasificados. Los otros tendrán que jugar una serie de partidos para ver quién se ganará el derecho de *asistir*[11] a esa gran fiesta del fútbol.

---

1 La Copa Mundial: World Cup
2 torneo: tournament
3 ganador: winner
4 se han jugado: have been played
5 el equipo de casa: home team
6 desempatar: to settle

7 falló: missed
8 tendrá lugar: will take place
9 actual: present
10 país anfitrión: host country
11 asistir: to attend

Capítulo 5

¿Mordedura o mordida?

IDEAS PARA GUIAR A LOS ESTUDIANTES

A. Nuestra detective, Carolina, estaba caminando por la calle 88 y entró a su tienda favorita. ¿Qué clase de tienda es y qué pasa con el dueño, el señor Ramos? Parece que él está durmiendo, ¿verdad?

el escritorio - desk; *se enfermó* - he became ill.

B. Carolina llamó por teléfono a la policía. Escucha el diálogo N°1 cuando ella le describe la escena al policía. ¿Cómo estaba la tienda cuando Carolina entró y por qué pensaba que algo extraño pasó?

ha sucedido - has happened; *lo encontré apoyado* - I found him lying; *me acerqué* - I approached; *la puerta abierta* - the open door; *la jaula rota* - the broken cage; *vengan rápido* - come quickly.

C. Mira bien la escena, sobre todo el cuerpo del señor y la jaula de la derecha. ¿Cómo murió el Sr. Ramos? ¿Cómo se escapó la serpiente?

la mordedura - bite; *la serpiente* o *la culebra venenosa* - poisonous snake; *la picadura* - puncture; *el asesinato* - murder.

D. Escucha el diálogo N°2 en el que Carolina habla con el policía. ¿Qué averiguó ella?

murió envenenado - he died of poison; *a causa de* - because of; *el agujero* - hole; *¿No estás convencida?*- Aren't you convinced?; *asegurarse* - to make sure; *se despidió* - she said good-bye.

E. Escucha el diálogo N°3. Carolina tenía una duda con respecto a la serpiente coral. Ella buscó el consejo de su profesor de zoología. ¿Qué información recibió?

Espero no molestarlo - I hope I'm not disturbing you; *¿En qué puedo servirte?* - How may I help you?; *la coral = el coralillo* - coral snake; *un adulto = una persona mayor*; *los colmillos* - fangs; *morder* - to bite; *las heridas* - wounds.

F. Entonces, ¿cómo murió el señor Ramos? Mira bien la escena del crimen.

el asesino - murderer; *un frasco de veneno* - jar of venom; *el bolso* - bag; *el palo* - stick; *el clavo* - nail; *hincar* - to drive into, thrust; *simular* - to make it seem like.

🎧 **G.** Ahora sabemos cómo murió el señor Ramos. Carolina habló con tres personas que sabían algo de su vida. Tal vez una de estas personas sea el asesino.

1. *Escucha el diálogo Nº4, cuando Carolina habla con la vecina, la Sra. Ortiz. Las tiendas del barrio tenían que pagar una mordida a Las Serpientes Reales. ¿El Sr. Ramos fue asesinado por la pandilla del barrio?*

   la pandilla del barrio - neighborhood gang; ***la (el) vecina(o)*** - neighbor; ***la mordida*** - bribe; ***real*** - royal; ***la paz*** - peace; ***el negocio*** - business.

2. *Escucha el diálogo Nº5. Nuestra joven heroína, Carolina, charla con Pepe, el hermano menor del Sr. Ramos. ¿Qué le dijo Pepe a Carolina?*

   el empleo = el trabajo; ***rechazar*** - to reject.

3. *Escucha el diálogo Nº6, cuando la esposa de la víctima le dice cosas muy interesantes a Carolina. El propietario puede ser el asesino, ¿verdad?*

   el propietario - landlord; ***disculpe que la moleste*** - excuse me for bothering you; ***lo siento mucho*** - I'm very sorry; ***jubilarse*** - to retire; ***amable*** - friendly; ***pelearse*** - to fight; ***pagar unas deudas*** - to pay some debts; ***enojarse*** - to become angry; ***botar de la tienda*** - to throw out of the store; ***faltaban cosas*** - things were missing; ***se quedaba dormido*** - used to fall asleep; ***el local de la tienda*** - the site of the store; ***mudarse*** - to move.

H. Ahora tienes bastante información para descubrir la identidad del asesino. Según tú, ¿quién es y por qué? Si no lo sabes, la explicación está a continuación.

🎧 **I.** Ahora escucha el diálogo Nº7 para saber si tenías razón. Carolina te va a explicar cómo descubrió quién fue el asesino. ¡Escucha bien!

   tenía celos - he was jealous; ***odiaba*** - he hated; ***la jaula equivocada*** - the wrong cage; ***matar*** - to kill; ***aprovechar*** - to take advantage.

¡A ESCRIBIR!

Empleando los tiempos del pasado, escribe el diálogo imaginario que ocurrió cuando Carolina le explicó a su profesor de zoología cómo ella resolvió el asesinato del Sr. Ramos.

¡PONTE AL DÍA!

LA CORRUPCIÓN ES *UN HECHO*[1] UNIVERSAL

La mordida es una palabra que se emplea en México para referirse al *soborno*[2]. Como hemos visto en el misterio anterior, el dueño de la tienda tiene que pagar una cantidad de dinero semanal a la *pandilla*[3] del barrio para asegurarse de no tener problemas con ellos. La corrupción es un hecho universal. Es verdad que los países latinoamericanos *tienen fama*[4] de ser corruptos, pero éste es un *estereotipo*[5] que no puede aplicarse a todas las personas ni a todos los países latinoamericanos.

Por otra parte[6], la corrupción no existe sólo en América Latina. Por ejemplo, en Inglaterra, un país con *fama*[7] de ser muy correcto y *cumplidor*[8] de sus *leyes*[8], hubo un escándalo de corrupción que fue publicado en muchos periódicos de todo el mundo. Un *alto empleado*[9] del Banco Barings *hizo trampa*[10] en las transacciones de una de las firmas con mejor reputación en Inglaterra, llevándola, como resultado, a la *bancarrota*[11]. Este señor actuó corruptamente en un país con fama de no ser corrupto.

Aunque se sepa[12] que hay o no hay corrupción en un país, eso no quiere decir que todos sus habitantes *actúen*[13] *de acuerdo*[14] con esa fama. Tenemos que tener cuidado con las generalizaciones. La mordida es común en México, pero también ocurre en otros países. La corrupción tiene un nombre diferente en cada país y las leyes para controlarla son diferentes también.

¿Conoces tú algún tipo de corrupción que ocurra en tu país? ¿Piensas que hay corrupción en el mundo de los negocios y de la política? ¿Conoces a alguna persona corrupta? ¿Sabes qué leyes existen para controlar la corrupción? Expresa tu opinión.

---

1 un hecho: a fact
2 soborno: bribe
3 pandilla: gang
4 tienen fama: are famous
5 estereotipo: stereotype
6 Por otra parte: On the other hand
7 fama: a reputation

8 cumplidor / leyes: follower / laws
9 alto empleado: investment banker
10 hizo trampa: cheated
11 bancarrota: bankruptcy
12 Aunque se sepa: even if it's known
13 actúen: act
14 de acuerdo: according

Capítulo 6

El anillo de diamantes perdido

Ideas para guiar a los estudiantes

Amelia Presto es la señora más rica de la ciudad. Se encuentra en una boda con su marido y su guardaespaldas, Pablo Ruiz. Carolina está en la fiesta acompañando a Juan, el hijo de la Sra. Presto.

> *la boda* - *wedding;* *el marido* = *el esposo;* *el guardaespaldas* - *bodyguard.*

A. Hay un dibujo de dos partes de la fiesta. ¿Qué te parece la primera parte?

> *¿Qué te parece?* - *How does it seem to you?;* *están sonriendo* - *they're smiling;* *el anillo de diamantes* - *diamond ring;* *el dedo* - *finger.*

B. Escucha el diálogo Nº1. ¿Qué quería hacer la Sra. Presto?

> *disfrutar* = *gozar* - *to enjoy;* *la exquisita cocina* - *the distinctive cooking;* *el jugo de piña* - *pineapple juice;* *la langosta* - *lobster;* *sabroso(a)* - *tasty;* *la bestia* - *beast;* *hazme el favor* - *do me the favor;* *la cartera* - *purse;* *querida* - *honey, sweetie pie;* *¡no empieces!* - *don't begin!;* *proteger* - *to protect;* *la joya* - *jewel;* *emplear* - *to hire;* *este bruto* - *this crude guy;* *quedarse* - *to remain;* *como quieras* - *as you wish;* *temer* - *to fear;* *el hecho* - *fact;* *costoso(a)* - *costly, expensive.*

C. Escucha el diálogo Nº2. El Sr. Presto siguió hablando con Carolina, y Pablo, el guardaespaldas, fue a buscar algo para la Sra. Presto. ¿Qué pasó?

> *seguir hablando* - *to keep talking;* *dejar de fumar* - *to stop smoking;* *estos malditos cigarrillos* - *these cursed cigarettes;* *la tos* - *cough;* *echar de menos* - *to miss;* *disculpe* - *excuse me;* *¡se me olvidó!* - *I forgot!;* *se lo diré* - *I'll tell her;* *traer* = *llevar* - *to bring;* *toser* - *to cough;* *quejarse* - *to complain;* *el daño* - *damage;* *qué raro* - *how strange.*

D. Ahora mira la segunda parte del dibujo. ¿Qué ves?

> *estar en desorden* - *to be in disorder;* *el plato* - *plate, dish;* *el vaso* - *glass;* *la cáscara* - *shell;* *la servilleta* - *napkin;* *los utensilios* = *el tenedor, la cuchara y el cuchillo.*

🎧 **E.** Escucha el diálogo N°3. ¿Qué descubrió la Sra. Presto? ¿Por qué pensó Carolina que el mesero no era culpable?

culpable = no es inocente; el mesero = el camarero - waiter; *déjame pensar* - let me think; *tal vez él sepa algo* - perhaps he knows something; *venga aquí* - come here; *enseguida* - right away; *ella estaba muy molesta* - she was very upset; *acusar* - to accuse; *había estado limpiando* - he had been cleaning.

🎧 **F.** Escucha el diálogo N°4. El Sr. Presto sigue tratando de descubrir quién es el ladrón.

acordarse = recordar - to remember; *¡No le hables así!* - Don't speak to him like that!; *le habló de forma muy fea* - he spoke to him in a mean way.

🎧 **G.** Escucha el diálogo N°5. Aquí Juan le contó a Carolina muchas cosas interesantes sobre el Sr. Presto.

no te sientas mal - don't feel bad; *un mago* - magician; *el circo* - circus; *casarse con* - to marry; *esconder* - to hide.

🎧 **H.** ¿Ya sabes quién es el ladrón? ¿Sabes dónde está el anillo? Mira bien el dibujo. ¿Ves algo que llame tu atención? Si no ves nada, escucha el diálogo N°6.

la magia - magic; *¿Qué quieres decir?* - What do you mean?; *¡Deje esa copa!* -Leave that cup alone!; *¡No te lo tomes!* - Don't drink it!; *darse cuenta* - to realize; *el truco* - trick; *la cárcel* - jail.

I. Ahora comprendemos lo que pasó con el diamante de la señora. Para hacer un resumen del misterio, forma grupos de cuatro personas. Cada persona va a hacer el papel de: (1) la señora, (2) el señor, (3) el guardaespaldas, o (4) Carolina. Cuenta el misterio desde la perspectiva de cada una de estas personas.

un resumen - a summary; *hacer el papel* - play the role.

¡A ESCRIBIR!

Tú eres el mesero. Viste todo el drama de este robo y tienes que decirle la verdad a la policía. Hazlo escribiendo un cuento en el pasado.

¡Ponte al día!

¿*UNA BODA*[1] O UNA GRAN FIESTA?

¿Te gusta bailar, comer, tomar algo y divertirte? Bueno, entonces una boda en cualquier país latinoamericano es el lugar ideal para ti. *La mayoría*[2] de las bodas en los países latinoamericanos son católicas y las celebraciones después de la ceremonia son fenomenales. Desde los más pobres hasta los más ricos celebran los *casamientos*[3] con mucha alegría.

El padre de la novia carga *con la cuenta*[4] de todos los gastos y es *cuestión*[5] de honor familiar el celebrar el casamiento *a todo dar*[6]. La música no para en toda la noche. A veces es *música en vivo*[7]. La bebida es constante y es *hasta aceptable*[8] que más de una persona *se emborrache*[9], especialmente los padres de *los novios*[10]. La comida es importante también pero no es más importante que *el baile*[11].

La *señal*[12] para comenzar a bailar es cuando la novia empieza a bailar con su papá o con el novio. Generalmente, se baila todo tipo de ritmos latinoamericanos *tales como*[13] salsa, merengue, samba, tango, cumbia y también ritmos y canciones norteamericanas. Las fiestas *por la mayor parte*[14] son en la noche y pueden *durar*[15] hasta las tres o cuatro de la *madrugada*[16].

Si algún día te invitan a una boda latinoamericana y te gusta bailar, comer, tomar algo y divertirte, ¡*no dejes de ir*[17]!

---

1 una boda: a wedding	10 los novios: bride & groom
2 La mayoría: The majority	11 el baile: the dancing
3 casamientos: marriages	12 señal: signal
4 con la cuenta: pays the bills	13 tales como: such as
5 cuestión: a matter	14 por la mayor parte: for the most part
6 a todo dar: without regard to cost	
7 música en vivo: live music	15 durar: last
8 hasta aceptable: even acceptable	16 madrugada: early morning
9 se emborrache: gets drunk	17 ¡no dejes de ir!: don't miss it!

Capítulo 7

La muerte del presidente de la compañía

Ideas para guiar a los estudiantes

Anoche, Carolina Cisneros se enteró de que el Sr. García, presidente de la compañía Unimundo, fue encontrado muerto en su oficina. Parece que alguien lo mató clavándole una tijera en la espalda. El médico dijo que murió a las siete de la noche. El Sr. García era el padrino de Carolina y cuando ella vio su foto en el periódico, fue a su oficina para investigar.

la prensa - *the press;* ***se enteró = aprendió; fue encontrado muerto*** - *was found dead;* ***clavar*** - *to stick in;* ***la tijera*** - *the scissors;* ***la espalda*** - *the back;* ***el padrino*** - *the godfather.*

A. Mira bien el dibujo que representa la foto del periódico. ¿Qué vio Carolina? ¿Qué significa la puerta abierta?

acercarse - *to approach;* ***por detrás*** - *from behind;* ***un arete = un pendiente*** - *earring;* ***de plata*** - *of silver.*

B. Escucha el diálogo N°1. Carolina habla con Blanca Figueroa, la secretaria de su padrino. ¿Qué le contó Blanca?

la ahijada - *goddaughter;* ***he oído*** - *I have heard;* ***encantado(a) de conocerte*** - *delighted to meet you;* ***me enteré*** - *I learned;* ***ha sido asesinado*** - *has been murdered;* ***honrado*** - *honorable;* ***discutir*** - *to argue;* ***iba a despedirla*** - *he was going to fire her;* ***llevar unos documentos*** - *to take certain documents;* ***ha sido un placer hablar contigo*** - *it has been a pleasure speaking with you;* ***sospechar*** - *to suspect.*

C. Escucha el diálogo N°2. Carolina habla con la Srta. Cristina Villa, la recepcionista. ¿Qué le dijo la Srta. Villa?

la estación (de policía) - *the police station;* ***imagínese*** - *just think;* ***¿Puede probarlo?*** - *Can you prove it?;* ***el testigo*** - *witness;* ***se me perdió*** - *I lost it;* ***una mentira muy fea*** - *a dirty lie;* ***jamás haría una cosa igual*** - *I would never do such a thing;* ***dejó a su jefe trabajando*** - *she left her boss working.*

D. Mira otra vez el dibujo. ¿Qué significa el libro con la reserva de dinero?

la reserva - *the money fund;* ***la cuenta*** - *the financial account.*

E. Escucha el diálogo N°3. Carolina llama por teléfono al esposo de la Sra. Figueroa. ¿Qué información recibió ella?

la película - *movie, film;* ***doloroso(a)*** - *painful.*

F.   Mira el dibujo. ¿Dijo la verdad el señor Figueroa?

   un anuncio - *an advertisement;* ***él mintió*** - *he lied;* ***sencillamente*** - *simply;* ***se confundió con la hora*** - *was confused about the time.*

G.   Escucha el diálogo N°4. Carolina llama por teléfono a la Sra. Figueroa. ¿Qué le dijo Carolina?

   ¿De qué me estás hablando? - *What are you talking about?;* ***ponerlos al tanto de la verdad*** - *to inform them of the truth;* ***espérelos allí*** - *wait for them there;* ***llegarán*** - *they will arrive.*

H.   ¿Por qué pensaba Carolina que la Sra. Figueroa era la asesina? ¿Qué pruebas tenía? Carolina te explicará todo al final del libro.

   la prueba - *proof;* ***hacer creer*** - *to make people believe;* ***la única explicación*** - *the only explanation;* ***dejar*** - *to leave.*

¡A ESCRIBIR!

Tú eres reportero del canal 8 de la televisión. Escribe un comentario de la vida y la muerte del Sr. García. Si quieres, puedes inventar algo acerca de su vida personal.

¡PONTE AL DÍA!

DIEGO RIVERA

En el misterio *anterior*[1] se mencionó "La casa azul", una película que cuenta la historia de la *pintora*[2] mexicana Frida Kahlo. Estaba *casada*[3] con un pintor, también mexicano, llamado Diego Rivera. *A continuación*[4] encontrarás algunos detalles de la vida de Diego Rivera cuando era niño.

Diego Rivera nació el 8 de diciembre de 1886 en el centro de Guadalajara, por entonces una pequeña *ciudad minera*[5] a 170 millas al noroeste de la Ciudad de México, la capital. Antes del nacimiento de Diego, su madre *había tenido*[6] tres *embarazos*[7] que terminaron en abortos naturales. En el embarazo con Diego, cuando llegó la hora de *dar a luz*[8], la mamá tuvo *mellizos*[9]: Diego María Rivera y Carlos María Rivera.

A la edad de cuatro años, Dieguito, como lo llamaban sus padres, comenzó a mostrar aptitudes para la pintura. Usaba cuantos lápices *se cruzaran en su camino*[10] y dibujaba sobre las paredes, los muebles o cualquier *superficie libre*[11]. Entonces su padre, con el *propósito*[12] de controlar este *comportamiento*[13], puso *lienzos*[14] en todas las paredes de un cuarto y le dio a Diego una caja de crayones. *Así fue*[15] cómo Diego Rivera tuvo su primer estudio de pintor.

Luego la familia descubrió que Diego era muy inteligente. Cuando entró a la escuela fue directo al sexto grado y se graduó *del bachillerato*[16] a los doce años. Luego, Diego le anunció a su familia que iba a ser pintor. Entonces su madre lo *inscribió*[17] en la escuela de arte, *de la cual*[18] fue expulsado dos años más tarde por participar en una protesta contra el *director*[19] de la escuela. Después lo invitaron a volver a la escuela pero Diego dijo que no. Desde ese momento Diego se dedicó a pintar *por su cuenta*[20] y se convirtió en uno de los muralistas más famosos de su tiempo.

---

1 anterior: preceeding
2 pintora: painter
3 casada: married
4 A continuación: below
5 ciudad minera: mining town
6 había tenido: had had
7 embarazos: pregnancies
8 dar a luz: to give birth
9 mellizos: twins
10 se cruzaran en su camino: as he could find

11 superficie libre: free surface
12 propósito: objective, goal
13 comportamiento: behavior
14 lienzos: canvases
15 Así fue: That's how
16 del bachillerato: from high school
17 inscribió: enrolled
18 de la cual: from which
19 director: principal
20 por su cuenta: on his own

Capítulo 8

El amor secreto

IDEAS PARA GUIAR A LOS ESTUDIANTES

Carolina está charlando con Chiqui Belleza, una amiga del colegio Simón Bolívar. Chiqui es la muchacha más bonita de su clase, pero ella es bastante modesta, buena estudiante y tiene un buen sentido del humor. Ellas están a punto de entrar a la clase y ven a tres muchachos que están alrededor del pupitre de Chiqui. (Parece que los chicos no ven a las chicas.)

la belleza - beauty; *el colegio* - high school; *un sentido del humor* - sense of humor; *estar a punto de* - to be about to do something; *alrededor de* - around; *el pupitre* - school desk.

A. ¿Qué hay en el pupitre?

una caja de chocolates - box of chocolates; *alguien se ha comido* - someone has eaten; *un florero* - a flower vase; *la letra* - handwriting; *la oscuridad* - darkness.

B. Escucha el diálogo Nº1 entre Carolina y Chiqui. ¿De qué nos enteramos por el diálogo?

enterarse de - to learn; *junto a* - next to; *el caballero* - horseman or gentleman; *una tarjeta* - a card; *enviar = mandar* - to send; *un mensajero* - messenger; *dar vergüenza* - to be embarrassed; *por supuesto* - of course; *ponerse rojo* - to blush; *raro(a) = curioso(a)* - strange; *el timbre sonó* - the bell rang; *por lo tanto* - for that reason; *anónima* - anonymous; *un presentimiento* - a feeling; *¿Cómo piensas lograr eso?* - How do you think you'll manage that?

C. Escucha el diálogo Nº2. ¿Quiénes son Andrés y Pablo?

será uno - one could be; *hablador(a)* - talkative; *egocéntrico(a)* - self-centered; *el gordito(a)* - the chubby one; *te lo diré después* - I'll tell you later.

D. Mira otra vez el dibujo. ¿A quién le interesa Chiqui?, ¿a Andrés, a Pablo o al tercer chico? ¿Por qué?

acerca de - about.

⌒ **E.** En el diálogo N°3, las chicas charlaron con los tres muchachos y empezaron a descubrir la identidad del amor secreto. ¿Qué averiguaron ellas?

averiguar = descubrir - *to find out, discover;* **con permiso** - *if you don't mind;* **rico(a) = sabroso(a); la orquídea** - *orchid;* **un ambiente húmedo** - *a humid environment;* **fresco** - *cool;* **una florería** - *flower shop;* **un ramo de flores** - *a bouquet of flowers;* **tengo que irme** - *I've got to go.*

⌒ **F.** Finalmente, las chicas descubren la identidad del amigo secreto. Escucha bien el diálogo N°4.

todo a su debido tiempo - *all in due time;* **no la hagas muy larga** - *don't take too long;* **zurdo(a)** - *left-handed;* **fue escrita** - *it was written.*

G. Mira bien el dibujo. ¿Quién es el amor secreto? ¿Por qué crees eso? (Como siempre, encontrarás la respuesta al final del libro.)

sin embargo - *nevertheless;* **no podía haber mandado** - *he couldn't have sent;* **el bolsillo** - *pocket.*

H. Ahora, Chiqui sabe quién es su amor secreto. Según tú, ¿qué va a pasar?

salir juntos - *to go out together;* **una cita** - *a date;* **declarar su amor** - *to announce his love;* **rechazar** - *to reject;* **tener vergüenza** - *to be embarrassed.*

¡A ESCRIBIR!

Paula y Marisol son dos buenas amigas chismosas que están en la misma clase que Chiqui y Miguel. Ellas lo vieron todo y ahora ya están en otra clase. Quieren pasarse notas sobre este episodio romántico. Paula piensa que Miguel es un chico muy atractivo pero Marisol no está de acuerdo. Escribe la nota de cada persona. ¡Vamos a chismear!

chismoso(a) - *gossipy;* **el chisme** - *gossip;* **chismear** - *to gossip.*

¡PONTE AL DÍA!

(¿Quieres hacer nuevos amigos? Lee este artículo sacado de una revista para jóvenes.)

¿Buscando *pareja*[1]?

Conexiones de Amor junior es tu respuesta.

Soy un muchacho tranquilo, me gusta leer y admirar la naturaleza. Tengo 14 años, *mido 1,65 m*[2] y *peso*[3] 62 kilos. Busco a una muchacha a quien le *guste*[4] la montaña y caminar en silencio. Si quieres *conocerme*[5], llama al 344-0965 y pregunta por Daniel.

Soy una muchacha a quien le gusta el fútbol americano y tambien *ir de pesca*[6]. Mido 1,51 m, peso 45 kilos y tengo 14 años. Me gusta cocinar y mi *materia*[7] favorita es ciencias. Busco a un muchacho guapo y divertido que me *ayude*[8] con las tareas de inglés y francés. Si quieres conocerme, llama al 442-7526 y pregunta por Laura.

Yo soy una muchacha rubia con ojos color café, tengo 15 años, mido 1,50 m y peso 46 kilos. Me gusta montar a caballo. Busco a un muchacho guapo que *sea*[9] bueno en matemáticas y ciencias y que me ayude con mis tareas. Que le *guste*[10] ir al cine y a los conciertos. Si quieres conocerme, llama al 445-8912 y pregunta por *Piedad*[11].

Soy un muchacho divertido, me gusta *contar chistes*[12] y hablar mucho. *Me encanta*[13] el teatro y quiero ser actor profesional. Soy moreno con ojos negros. Mido 1,75 m, peso 70 kilos y tengo 16 años. Busco a una muchacha a quien le gusten las fiestas y el teatro. Si quieres conocerme, llama al 234-7601 y pregunta por Eduardo.

Si quieres encontrar a tu amor ideal y tienes entre 14 y 16 años, escribe tu *propio aviso*[14] y mándalo con tu cheque por $10 a Conexiones de Amor junior, Calle Palmera N°222, *El Rosal*[15], Montevideo 19043, y tu aviso *saldrá*[16] publicado por un mes. El aviso no debe tener más de 70 palabras.

---

1 pareja: partner
2 mido 1,65 m: I'm 1.65 m tall
3 peso: I weigh
4 guste: might like
5 conocerme: to meet me
6 ir de pesca: to go fishing
7 materia: course
8 ayude: might help

9 sea: might be
10 guste: may he like
11 Piedad: Mercy
12 contar chistes: to tell jokes
13 Me encanta: I love
14 propio aviso: own advertisement
15 El Rosal: rose bush
16 saldrá: will appear

Capítulo 9

La carta amenazadora

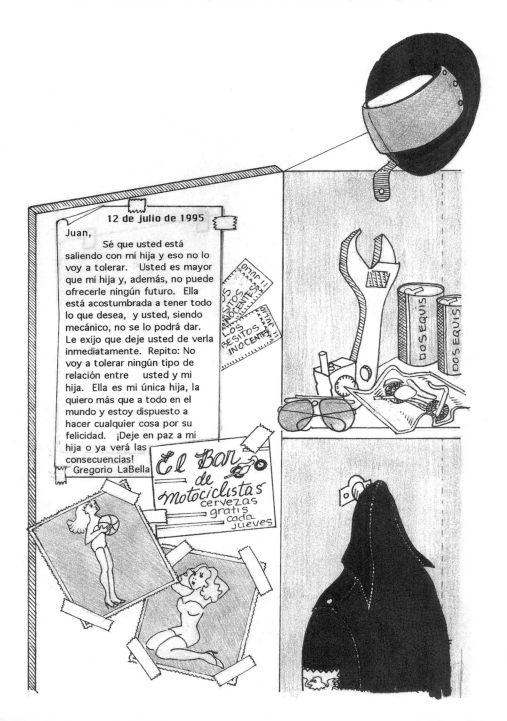

12 de julio de 1995

Juan,

Sé que usted está saliendo con mi hija y eso no lo voy a tolerar. Usted es mayor que mi hija y, además, no puede ofrecerle ningún futuro. Ella está acostumbrada a tener todo lo que desea, y usted, siendo mecánico, no se lo podrá dar. Le exijo que deje usted de verla inmediatamente. Repito: No voy a tolerar ningún tipo de relación entre usted y mi hija. Ella es mi única hija, la quiero más que a todo en el mundo y estoy dispuesto a hacer cualquier cosa por su felicidad. ¡Deje en paz a mi hija o ya verá las consecuencias!

Gregorio LaBella

IDEAS PARA GUIAR A LOS ESTUDIANTES

Carolina conocía a Juan Castillo, un joven que murió la noche del 21 de julio en un accidente de motocicleta. Él chocó con un carro que se fue sin esperar a la policía. La policía sólo encontró unas manchas de pintura roja en la motocicleta, que tenía una llanta reventada. Carolina fue al garaje donde trabajaba Juan para buscar más claves.

amenazadora - threatening; *chocar* - to crash into; *sin esperar* - without waiting; *la mancha* - stain, spot; *la pintura* - paint; *la llanta* - tire; *reventada* - blown out.

A.   ¿Qué cosas encontró Carolina en el cajón de Juan?

el cajón - locker; *el conjunto* - band, group; *un besito* - a little kiss; *la publicidad* - publicity; *dejar en paz* - to leave alone; *ya verá* - you'll see; *firmada por* - signed by; *las cervezas gratis* - free beers; *las gafas de sol* - sunglasses; *un casco* - a helmet; *una chaqueta de cuero* - a leather jacket; *una llave inglesa* - a wrench.

B.   Escucha el diálogo Nº1. Carolina está hablando con los otros mecánicos del garaje. ¿De qué te enteraste?

enterarse - to learn; *a eso de las ocho* - around eight o'clock; *le gustaba correr* - he liked to race; *un buen tipo* - a good guy; *he oído* - I have heard; *borracho* - drunk; *tomar en serio* - to take seriously; *una amenaza* - a threat; *un carro lindísimo* - a really pretty car.

C.   Escucha el diálogo Nº2. Carolina fue a hablar con Paula. ¿Quién es Paula y por qué quería Carolina hablar con ella?

qué tragedia - what a tragedy; *imagínate* - just think; *no quería que saliese* - he didn't want her to go out; *te acuerdas* - you remember; *arreglar* - to fix up, repair; *estar enamorado(a) de* - to be in love with; *cuidar* - to care for; *como si fuera de oro* - as if it were made of gold; *chau = adiós; la heladería* - ice cream shop.

D.   Mientras Carolina camina a la heladería, hagamos un resumen de lo que ya sabemos de este misterio. ¿Quiénes tenían motivos para matar a Juan?

convertirse en un rival - to become a rival; *enamorarse* - to fall in love; *peligroso(a)* - dangerous.

⌾ **E.** Escucha el diálogo Nº3. ¿De qué acaba de enterarse Carolina en la heladería?

¡qué casualidad! - what a coincidence!; *asustar* - to frighten; *la señal* - sign, indication; *no quería que yo saliese* - he didn't want me to go out; *a ti te convenía* - it was to your advantage; *así sucedió* - that's what happened; *ella sale corriendo* - she runs out; *dijo que no había mandado* - he said that he hadn't sent.

⌾ **F.** Escucha el diálogo Nº4 en el que Carolina sigue tratando de que Pedro le diga la verdad. ¿De qué hablaron?

sigue tratando de que le diga - keeps trying to get him to tell her; *hacer caso* - to pay attention; *las raspaduras azules* - blue scratches; *retar* - to dare; *hacer una carrera* - to drag, to have a race; *íbamos parejos* - we were dead even; *reventarse* - to blow out (a tire); *parar* - to stop; *ya estaba muerto* - he was already dead; *me entró pánico* - I panicked; *todo había sido* - everything had been.

G. Ahora en tu grupo de conversación, habla sobre lo que pasó en este misterio. Juan está muerto. Según tú, ¿de quién es la culpa? ¿Qué crees que le va a pasar a Pedro? ¿Debe ir a la cárcel o pasar tiempo trabajando para la comunidad?

¡A ESCRIBIR!

Supongamos que eres Pedro. Estás en la comisaría y tienes que escribir un informe de lo que pasó. ¿Qué dirías tú?

¡Ponte al día!

LAS MOTOS

Andar en moto puede ser muy divertido y práctico pero también peligroso. Recuerda lo que le pasó a nuestro amigo Juan en el misterio anterior. Cada día es más frecuente ver a jóvenes que se transportan en motocicletas, especialmente en las ciudades grandes. Esto *se debe*[1] a que las motos son vehículos que ocupan poco *espacio*[2] y pueden circular y *estacionarse en sitios*[3] donde sería imposible hacerlo en un automóvil.

Si tú eres una persona que quiere andar en motocicleta, toma nota de las *siguientes*[4] recomendaciones, *las cuales*[5] son muy importantes para *evitar*[6] accidentes y andar *padrísimo*[7] por las calles de la ciudad.

- Debes aprender a conducir muy bien con alguien que *sea*[8] un experto y *tenga*[9] mucha experiencia y luego obtener tu *licencia de conductor*[10].
- Antes de montarte debes *revisar*[11] el funcionamiento de la moto: *el nivel de aceite*[12] y gasolina, *los frenos*[13], las llantas, *las luces*[14], *la bocina*[15] y el acelerador.
- Debes vestirte con ropa *que cubra*[16] tus piernas y brazos. No te pongas *prendas sueltas*[17] que puedan *enredarse*[18] en las *ruedas*[19] y, lo más importante, ponte un *casco*[20] para protegerte la cabeza.
- Debes *mantenerte alerta*[21] todo el tiempo que estés manejando, *un movimiento en falso*[22] puede causar un accidente grave.
- Si la calle o carretera tiene *baches* o *desniveles*[23], evítalos o, si no puedes hacerlo, reduce la *velocidad*[24].
- Jamás *enciendas*[25] la moto en un lugar cerrado porque el gas del escape contiene *monóxido de carbono*[26], que es venenoso.

1 se debe: is due	14 las luces: the lights
2 espacio: space	15 la bocina: the horn
3 estacionarse en sitios: park in places	16 que cubra: that covers
4 siguientes: following	17 prendas sueltas: loose ends
5 las cuales: which	18 enredarse: entangle
6 evitar: avoid	19 ruedas: wheels
7 padrísimo: cool (Mex.)	20 casco: helmet
8 sea: should be	21 mantenerte alerta: stay alert
9 tenga: should have	22 un movimiento en falso: one false move
10 licencia de conductor: driver's license	23 baches o desniveles: holes or is unlevel
11 revisar: to check	24 velocidad: speed
12 el nivel de aceite: oil level	25 enciendas: turn on
13 los frenos: brakes	26 monóxido de carbono: carbon monoxide

Capítulo 10

El estudiante fantasma

IDEAS PARA GUIAR A LOS ESTUDIANTES

A. Mira el primer dibujo. ¿Qué hacen Carolina y su hermano menor, Juan Carlos, en la oficina del director del colegio Simón Bolívar?

el estudiante fantasma - the phantom student; *el director* - principal; *una entrevista* - interview; *el logro* - achievement.

B. Escucha el diálogo N°1 en el que el director habla con la prensa acerca de Emilio. ¿Cuáles fueron los comentarios?

el cual ganó - which won; *la competencia* - competition; *hemos oído* - we have heard; *un futbolista* - soccer player; *el corredor de larga distancia* - long distance runner; *el entrenador* - coach; *el atletismo* - track and field; *aseguró que* - he guaranteed that; *el campeonato* - championship; *¿Qué opinas tú?* - What do you think?; *emocionado(a)* - excited; *ansioso(a) por conocerlo* - anxious to meet him; *el diario* - journal, diary, daily newspaper; *ojalá que* - I only wish that; *¡qué va!* - come on!; *se alegró* - he was happy; *sobresaliente* - outstanding.

C. Escucha el diálogo N°2. ¿Por qué están preocupados los profesores?

el salón de maestros - teachers' lounge; *¿se ha aparecido?* - has he appeared?; *me molesta* - it bothers me; *nadie lo ha visto* - no one has seen him; *estoy bastante molesto* - I'm rather annoyed; *entrenarse* - to train, practice; *parece un fantasma* - he's like a ghost; *hay gato encerrado* - there's some funny business going on; *¡El tal Emilio resultó ser una Emilia!* - the so-called Emilio turned out to be an Emilia!; *charlar = platicar* - to chat.

D. Mira el segundo dibujo. ¿Puedes adivinar lo que pasa en la oficina de la escuela? ¿Qué significa la fecha en el calendario?

adivinar - to guess; *mostrar* - to show; *una escena retrospectiva* - a flashback; *el acontecimiento = el evento; relacionado con* - related to; *la pantalla de la computadora* - computer screen.

E. Escucha el diálogo N°3 en el que Carolina habla con la secretaria, la Sra. Vidal. ¿Qué le dijo la Sra. Vidal?

el archivo - file; *me encontré* - I found; *por módem* - by modem; *no es peruana sino colombiana* - she isn't Peruvian but rather Colombian; *es escultora y pintora* - she's a sculptress and an artist; *si no fuera por Juan Carlos, no hubiese sabido* - if it weren't for Juan Carlos, I wouldn't have known; *hasta que* - until; *el horario de clases* - class schedule; *¿Qué te parece?* - What do you think?; *matricularse* - to enroll in school; *la tecnología avanzada* - advanced technology; *si había oído* - if she had heard; *desde el Perú* - from Peru.

🎧 **F.**   Escucha el diálogo Nº4 en el que Carolina y Juan Carlos hablan con el director. ¿Qué sucedió?

lo que ha pasado - *what has happened;* **el caso de Emilio** - *the case of Emilio;* **una broma** - *a prank;* **el bromista** - *prankster;* **el periodista** - *the newspaperman;* **en cuanto sepamos algo** - *as soon as we learn something.*

🎧 **G.**   Escucha el diálogo Nº5 en el que Carolina habla por teléfono con el periodista. ¿De qué hablaron?

no quiso identificarse - *he refused to identify himself;* **lo único** - *the only thing;* **las sospechas** - *suspicions.*

🎧 **H.**   Escucha el diálogo Nº6 en el que Carolina habla con Juan Carlos en la escuela. ¿Qué pasó?

es hora de que digas la verdad - *it's time to tell the truth;* **¿Cómo sabías...** - *How did you know...;* **cuando ni siquiera la Sra. Vidal lo sabía?** - *when even Mrs. Vidal didn't know it?;* **¿Un ratoncito te comió la lengua?** - *Has a cat got your tongue?;* **Nunca he podido engañarte** - *I have never been able to trick you;* **causar daño** - *to hurt;* **gracioso(a)** - *funny;* **¿no te da vergüenza?** - *aren't you ashamed?;* **había ido demasiado lejos** - *it had gone too far;* **arreglar lo que has hecho** - *to fix what you have done;* **castigar** - *to punish;* **hacer bromas** - *to play pranks;* **comprensivo** - *understanding;* **eso me pasa por...** - *it serves me right...*

I.   Ahora forma tu grupo de conversación. Necesitas cuatro personas que hagan los papeles de Juan Carlos, el director, Carolina y un profesor en una reunión. Habla de lo que pasó y cómo van a castigar a Juan Carlos. ¿Fue demasiado comprensivo el director?

¡A ESCRIBIR!

En forma de diálogo o de narración, describe la conversación entre Juan Carlos y el señor Cisneros. ¿Cómo va a explicarle a su padre lo que hizo? ¿Cómo reaccionará el señor?

¿Cómo reaccionará? - *How might he react?*

¡PONTE AL DÍA!

EL COPIARSE[1]

(Hemos visto[2] cómo Juan Carlos engañó a toda su escuela utilizando la computadora para hacer una broma. Sin embargo, hay otras formas más serias de engañar a los profesores. Una de ellas es el copiarse, que sigue siendo[3] un problema típico entre estudiantes de todas partes del mundo. Una estudiante de nivel secundario[4] *nos cuenta sus experiencias al respecto.)*

Éste es mi primer año en una escuela *estadounidense*[5]. Soy de Venezuela y la escuela a la cual yo asistía antes era muy diferente, especialmente la *actitud*[6] de los alumnos y profesores a la hora de los exámenes.

En mi escuela en Caracas, cuando había un examen, los profesores *estaban alerta*[7] todo el tiempo, tratando de sorprender a un alumno que estuviera *haciendo trampa*[8]. Los exámenes eran largos y difíciles. Nosotros sentíamos que los profesores hacían los exámenes más difíciles *a propósito*[9]. El copiarse en los exámenes era algo común. No era sólo para sacar buenas notas, *sino que era como*[10] un juego peligroso que *ponía a prueba*[11] nuestra *amistad*[12]. Si tu amigo necesitaba ayuda en un examen y no lo ayudabas, entonces no eras un *verdadero amigo*[13].

Aquí, en los Estados Unidos, los estudiantes son diferentes. En mi clase de geometría, el señor Burns dio el primer examen. ¡Qué diferente a los exámenes de mi escuela en Caracas! Primero, no era ni largo ni muy difícil; segundo, el profesor salió de la clase como por cinco minutos y lo más sorprendente de todo fue que mis compañeros no levantaron la cabeza, *ni tampoco*[14] hablaron entre ellos. Enseguida pensé que *ninguno*[15] era un buen amigo. Pero después comprendí que, *aunque*[16] eran *honestos*[17] con los profesores, también eran muy competitivos, *inclusive entre*[18] amigos.

---

1 El copiarse: Cheating
2 Hemos visto: We have seen
3 sigue siendo: continues to be
4 nivel secundario: high school
5 estadounidense: American
6 actitud: attitude
7 estaban alerta: were on alert
8 haciendo trampa: was cheating
9 a propósito: on purpose

10 sino que era como: but it was like
11 ponía a prueba: tested
12 amistad: friendship
13 verdadero amigo: true friend
14 ni tampoco: neither
15 ninguno: none of them
16 aunque: even if
17 honestos: honest
18 inclusive entre: even among

Capítulo 11

Una muerte en el gimnasio

IDEAS PARA GUIAR A LOS ESTUDIANTES

A. Mira el dibujo. Carolina acaba de llegar al gimnasio para hacer ejercicios. Oyó un grito de horror cuando entró. ¿Qué pasó?

el gimnasio - gym; *hacer ejercicios* - to work out; *el grito* - shout; *un cartel* - a poster; *¡Cuida tu físico!* - Stay in shape!; *musculoso* - muscular; *acostado* - lying down; *un banco* - bench, bank; *las pesas* - weights; *el pecho* - chest; *la contusión* - bruise; *el cuello* - neck; *una libra* - pound; *estar asustado(a)* - to be frightened; *en buena forma* - in good shape; *las uñas postizas* - artificial fingernails; *la toalla* - towel; *el cupón* - ticket; *ONCE - Organización Nacional de Ciegos Españoles; la pared* - wall.

B. Escucha el diálogo N°1 en el que Carolina habla con las dos mujeres asustadas. ¿De qué hablaron?

pone el oído - put her ear; *respirar* - to breath; *tratar de* - to try to; *pesado(a)* - heavy; *la barra* - bar; *machista* - sexist; *egoísta* - selfish; *el amigote* - old friend; *el músculo* - muscle; *la apariencia física* - physical appearance; *soportar* - to tolerate; *besar a la fuerza* - to force a kiss; *rechazar* - to repell, reject; *sólo pensaba en él mismo* - he only thought about himself; *no era para menos* - you had good reason.

C. Escucha el diálogo N°2. Carolina descubre que ellas no estaban solas en el gimnasio. ¿Qué sucedió?

el gerente - manager; *distraído(a)* - distracted; *aplastado(a)* - crushed; *levantar pesas = hacer pesas* - to lift weights; *¡qué barbaridad!* - what a blunder!; *el hipódromo* - horsetrack; *jugar a los caballos* - to bet on the racehorses; *deber dinero* - to owe money; *prestar dinero* - to lend money.

D. Escucha el diálogo N°3 en el que Carolina examina las cosas que están junto al cuerpo de Roberto. ¿Se ven unas claves importantes?

mientras tanto - meanwhile; *se me ha roto una uña* - I have broken a fingernail; *no importa* - no matter; *no se vayan* - don't leave.

E. Escucha el diálogo N°4. Carolina escucha una noticia muy interesante por la radio. ¿Cuál es?

la primerísima - the very best; *el noticiero* - the news show; *el primer premio de la lotería = El Gordo; el ganador* - the winner; *estadounidense* - of the United States; *afortunado(a)* - lucky.

F. Escucha el diálogo Nº5. ¿Cómo reaccionó el señor Vargas a estas noticias? Según Carolina, ¿quién mató a Roberto? ¿Por qué?

apagar ≠ *encender* - *turn off* ≠ *turn on*; **las tonterías** - *foolishness*; **emocionado** - *excited*; **el fanfarrón** - *braggart*; **un montón de** - *lots of*; **el entrenamiento** - *training*; **se olvidó de mí** - *he forgot about me*; **hacer caso** - *to pay attention*; **odiar** - *to hate*; **maltratar** - *to mistreat*; **ahorrarse tiempo** - *to save time*; **¿De qué estás hablando?** - *What are you talking about?*; **conseguir** - *to obtain*; **inculpar** - *to blame*.

G. Ahora, en grupos de conversación de cuatro personas, vamos a representar la entrevista entre la policía y el Sr. Vargas, Inés, Josefina y Carolina. Haz, con tus compañeros, los papeles de estos personajes en el misterio. Una persona puede hacer el papel de las dos mujeres. ¡Vamos a empezar! ¡El drama nos espera!

el personaje - *character*; **hacer el papel** - *to play the role*.

NOTA CULTURAL:

ONCE es la organización de ciegos (personas que no pueden ver) que dirige la lotería nacional en España. Funciona muy bien y produce mucho dinero para ayudar a los ciegos. No existe en los Estados Unidos. Por eso Roberto tuvo que comprar su cupón por medio de su amigo en España.

¡A ESCRIBIR!

En los Estados Unidos mucha gente se interesa en el entrenamiento físico. ¿Recuerdas alguna experiencia que tuviste jugando a algún deporte, subiendo montañas o en un campamento de verano? Descríbela utilizando los tiempos en el pasado.

¡PONTE AL DÍA!

EL EJERCICIO Y LAS DIETAS

El misterio anterior tuvo lugar en un gimnasio. *Al igual que*[1] en los Estados Unidos, hacer ejercicios *ha tomado*[2] mucha importancia en muchos países del mundo, y Latinoamérica no es la excepción. *Cualquier*[3] revista popular latinoamericana orientada a la belleza femenina o masculina, tiene algún artículo dedicado a hacer ejercicios y a las dietas.

Esto es algo relativamente nuevo, especialmente en las revistas orientadas a la belleza femenina. Antes, el hacer ejercicios o practicar deportes no tenían tanto valor en la vida de las mujeres. Era común pensar que los deportes y los ejercicios no eran actividades femeninas. Cocinar, *hacer el mercado*[4], tener hijos y ser bonita sí eran actividades *propias de ser mujer*[5], pero hacer ejercicios o ir al gimnasio, eso era *cosa de hombres*[6].

Hoy en día[7], aunque algunas personas todavía piensan de esta manera, la mayoría de la *juventud*[8] está haciendo ejercicios *más que nunca*[9]. Y muchas de las personas mayores también. Sí señor, el gimnasio y las tendencias a *adelgazar*[10] han cambiado la manera de pensar, actuar y comer de la gente.

Muchos de los platos típicos latinoamericanos, como los tacos de México, los *pacones*[11] de Puerto Rico, las *hayacas*[12] de Venezuela y el *chivito*[13] de Argentina, están llenos de carbohidratos y de *grasas*[14]. Ahora, con *la manía de evitar*[15] las grasas en las comidas, quién sabe si con el tiempo también cambiarán estos platos típicos.

---

1 Al igual que: As
2 ha tomado: has taken on
3 Cualquier: Any
4 hacer el mercado: to go shopping
5 propias de ser mujer: proper for women
6 cosa de hombres: men's business
7 Hoy en día: nowadays

8 juventud: youth
9 más que nunca: more than ever
10 adelgazar: to stay slim
11 pacones: fried bananas
12 hayacas: Christmas dish
13 chivito: meat dish
14 grasas: fat
15 la manía de evitar: the fad to avoid

Capítulo 12

La postal sospechosa

LA PLAZA MAYOR

Querido papá:
Hace dos días que llegué a este bonito pueblito. Está cerca de Toledo y te estoy muy agradecida por la oportunidad de estudiar en España. He hecho muchos amigos y ¡la estoy pasando padrísimo! Hoy en la noche vamos a ir a ver el ballet folclórico, que dicen que es maravilloso.

PLAYA AZUL
PM
11 DE FEBRERO
1996

MÉXICO ESPAÑA
ENCUENTRO DE DOS MUNDOS

Sr. Alejandro Fuentes
13 Calle Ancha
Miami, Florida
30456

La foto es del Zócalo adonde voy todos los días para descansar. Un beso cariñoso de tu hija que te quiere mucho. Lupe

RESUMEN DE NOTAS
LUPE FUENTES

Curso	12/95	5/96
Español 302	D	A
Geografía	C	B
Historia	C	C
Física	B	B
Arte	A	A

Lupe:
Llego el 13 de marzo.
Con amor,
Marco

IDEAS PARA GUIAR A LOS ESTUDIANTES

A. Mira la primera parte del dibujo. ¿Qué ves?

la postal sospechosa - the suspicious postcard; **la estampilla = el timbre = el sello** *- stamp;* **querido(a) = estimado(a)** *- dear;* **hace dos días que llegué** *- I arrived two days ago;* **agradecido(a)** *- grateful;* **la estoy pasando padrísimo** *- I'm having a cool time;* **El Zócalo** *- the town square;* **un beso cariñoso** *- a loving kiss;* **que te quiere mucho** *- who loves you a lot.*

B. Escucha el diálogo N°1. Es el primero de febrero y el Sr. Fuentes está recordando una conversación que tuvo con su hija Lupe un poco antes de las vacaciones de Navidad. ¿De qué hablaron?

la excursión - trip; **con mis propios ojos** *- with my own eyes;* **suena interesante** *- it sounds interesting;* **la vida diaria** *- the everyday life;* **Papito, ¿me dejas ir?** *- Daddy, won't you let me go?;* **en ese ambiente** *- in that environment;* **inscribirse** *- to enroll, register;* **los gastos** *- expenses.*

C. Escucha el diálogo N°2. Ha pasado una semana y ahora el Sr. Fuentes está en su oficina hablando con el Sr. Colón, su compañero de trabajo. ¿Qué dijeron?

la dejé ir - I let her go; **¿Qué tal es el programa?** *- What's the program like?* **aprovechar su estadía** *- to profit from her stay;* **lo haría porque no era...** *- she would do it because she wasn't...*

D. Mira otra vez la primera parte del dibujo. A primera vista todo parece normal. Pero, ¿es una postal proveniente de España? Hay unas claves que nos indican algo más.

a primera vista - at first glance; **proveniente** *- coming.*

E. Escucha el diálogo N°3. El Sr. Fuentes le muestra a Carolina la postal que acaba de recibir de su hija Lupe. Están en la oficina de la escuela, donde Carolina trabaja durante el año escolar. ¿Cómo reaccionó Carolina?

el año escolar - the school year; **pasado mañana** *-the day after tomorrow;* **avísame en cuanto sepas algo** *- let me know when you learn something;* **pierda cuidado** *- don't worry.*

F. Escucha el diálogo Nº4. Lupe acaba de regresar de su viaje y Carolina ha ido a verla a la residencia de su universidad. ¿Qué sucedió?

ha ido - has gone; *la residencia* - the dormitory; *querrás decir España* - you mean Spain; *la pasaste padrísimo yendo al Zócalo* - you had a great time going to the town square; *son palabras que se usan en México* - they are words used in Mexico; *el V Centenario* - the 500th Anniversary; *mentir* - to lie; *mi papá no me hubiese dejado ir* - my Dad wouldn't have let me go; *un montón de cosas* - a bunch of things; *Lupe lo negó* - Lupe denied it.

G. Ahora mira la segunda parte del dibujo. ¿Qué ves?

dos finales posibles - two possible endings; *el cuento* - the story; *sobresaliente* - outstanding; *¡Qué encantado estaría su papá!* - How delighted her Dad would be!

H. En un grupo de dos o tres estudiantes, hablen de los dos finales posibles. Según ustedes, ¿qué va a pasar al final y por qué?

¡A ESCRIBIR!

Es claro que pueden haber dos finales en este cuento. Marco puede llegar para distraer a Lupe de sus estudios o Lupe puede decidir estudiar para sacar una nota sobresaliente en español. Haz el papel de Lupe y escribe una carta a una amiga sobre lo que pasó. Menciona también qué hizo el Sr. Fuentes cuando Lupe le confesó que había estado en México.

distraer - to distract; *había estado* - she had been.

¡PONTE AL DÍA!

LA LEYENDA TRÁGICA DE QUETZALCÓATL

En el misterio anterior hemos visto una estampilla hecha para conmemorar el V Centenario del *llamado Encuentro*[1] de Dos Mundos, es decir, entre Europa y el continente que más tarde recibiría el nombre de América. Los españoles llevaron a América muchas cosas; entre ellas, su idioma y su religión.

Los aztecas, un gran *pueblo*[2] que habitaba el Valle de México, tenían su propia religión y sus propios *dioses*[3]. Uno de los más importantes era Quetzalcóatl, dios del viento, la *sabiduría*[4] y el *bien*[5]. Su nombre provenía de la combinación de dos palabras: "Quetzal", que significa *emplumada*[6] y "Coatl", que significa serpiente. Por eso, en las pinturas aztecas era representado como un hombre con una *máscara*[7] de serpiente y con un *copete de plumas*[8].

Los aztecas creían que Quetzalcóatl era un hombre alto, de piel blanca y con barba, que había vivido entre ellos. Tenía un hermano malo, que se llamaba Tezcatlipoca o *espejo de humo*[9]. Un día Tezcatlipoca le *regaló*[10] a Quetzalcóatl un espejo. Cuando el dios se vio en el espejo, *se dio cuenta*[11] de que tenía un rostro humano. Al día siguiente, lleno de *vergüenza*[12], Quetzalcóatl se fue hacia el oriente *navegando*[13] en una *balsa*[14] de serpientes. Al partir dijo que *volvería*[15] en el año 1-Reed del calendario azteca. En nuestro calendario esa fecha *correspondería*[16] al año 1467 ó 1519.

Nada ocurrió en 1467, pero 1519 fue un año de *portentos*[17] increíbles en el mundo azteca. En el lago Texcoco hubo *olas*[18] gigantes, el cielo se llenó de cometas y por la noche unas mujeres extrañas recorrían las calles lamentando el destino de su pueblo. Parecía que Quetzalcóatl iba a regresar. El Jueves Santo de 1519 un hombre alto, de piel blanca y con barba, desembarcó en la costa del Golfo de México. Cuando los indios vieron sus casas flotantes, su ropa de metal y sus *bestias*[19] con cuatro patas, pensaron que había vuelto Quetzalcóatl. Pero, como sabemos, se trataba del conquistador español, Hernán Cortés. Los aztecas lo recibieron con regalos y honores, pero los españoles *se aprovecharon*[20] de esta circunstancia y conquistaron y destruyeron el imperio azteca. Así *se cumplió*[21] la profecía del "*regreso*[22]" de Quetzalcóatl.

---

1 llamado Encuentro: so-called meeting
2 pueblo: people, nation
3 dioses: gods
4 sabiduría: wisdom
5 bien: goodness
6 emplumada: feathered
7 máscara: mask
8 copete de plumas: feather head dress
9 espejo de humo: smoking mirror
10 regaló: gave a gift
11 se dio cuenta: he realized

12 vergüenza: shame
13 navegando: sailing
14 balsa: raft
15 volvería: would return
16 correspondería: would correspond
17 portentos: wonders
18 olas: waves
19 bestias: beasts
20 se aprovecharon: took advantage
21 se cumplió: was fulfilled
22 regreso: return

Capítulo 1

La llamada misteriosa

⌒ Los diálogos de Carolina

Diálogo N°1. *(Carolina está sola en la casa de sus vecinos. La casa está en una zona residencial en una calle un poco oscura y silenciosa. Son las once de la noche. De repente suena el teléfono.)*

CAROLINA: Buenas noches. Familia Campo. Dígame.

LA VOZ: Hola, chica. Estás sola en la casa, ¿verdad? Espérame allí; ahora voy a buscarte.

CAROLINA: ¿Quién es? ¿Eres tú, Miguel? Recuerdo que me hiciste la misma broma el mes pasado cuando quisiste asustarme.

LA VOZ: Yo no conozco a ningún Miguel, pero pronto te las vas a ver conmigo. Ya estoy muy cerca.

CAROLINA: Por supuesto, Miguelito. Reconozco tu voz. No me vas a asustar esta vez. ¡Nos vemos en la escuela, chico! *(Cuelga.)* ¡Qué tonto es Miguel! Voy a hablar con él el lunes que viene en la clase de inglés.

Diálogo N°2. *(Ahora son las once y diez. Vuelve a sonar el teléfono.)*

CAROLINA: Buenas noches, Familia Campo.

LA VOZ: Soy yo otra vez. Veo que no quieres tomarme en serio, pero dime, ¿no me sientes más cerca?

CAROLINA: Miguel, por favor, no estoy para bromas. ¡Déjame en paz!

LA VOZ: Esto no es ninguna broma, señorita. Yo sé que estás sola en la casa y que los niños duermen arriba. Tú estás mirando la televisión en la sala y me estás esperando. No te preocupes. Llegaré pronto, muy pronto.

CAROLINA: ¿Quién es Ud.? ¿Qué quiere?

LA VOZ: ¡Pronto lo sabrás! ¡Muy pronto! *(Cuelga.)*

CAROLINA: Madre de Dios, ¿qué voy a hacer? *(Carolina mira desesperada a su alrededor tratando de encontrar una respuesta.)* ¡Ya sé!

Diálogo N°3. *(Carolina coge el teléfono y marca.)*

CAROLINA: ¿Policía?... Buenas noches, señor. Mi nombre es Carolina Cisneros y estoy cuidando a los niños de la familia Campo. Estoy sola en la casa y acabo de recibir dos llamadas telefónicas muy raras y tengo miedo.

EL POLICÍA: ¿Sabe Ud. quién era, señorita?

CAROLINA: No, pero era un hombre. Él sabía dónde estaba yo y me amenazó con venir a la casa. ¡Ayúdeme, por favor!

EL POLICÍA: Bueno, cálmese. Vamos a poner un localizador en su línea telefónica para averiguar de dónde viene la llamada por si llama otra vez.

CAROLINA: ¡Mil gracias, señor! ¡Qué alivio!

EL POLICÍA: Carolina, si la vuelve a llamar el hombre, trate de hacerlo hablar. Necesitamos casi un minuto de conversación para averiguar de dónde está llamando. ¿Entiende?

CAROLINA: Sí, sí, señor, así lo haré.

Diálogo N°4. *(Son las once y cuarto. De repente suena el teléfono.)*

CAROLINA: Aló... ¿quién es?

LA VOZ: Adivina.

CAROLINA: ¿Por qué me está llamando? ¿Quién es usted?

LA VOZ: Tú no me conoces pero muy pronto me vas a conocer.

CAROLINA: Deje ya de asustarme, ¿qué es lo que quiere de mí? ¿Quién es usted?

LA VOZ: Ya te he dicho que tú no me conoces. Yo no soy de este pueblo. Acabo de llegar. He venido a buscarte.

CAROLINA: Por favor, deje de asustarme. ¿Qué le he hecho yo a usted?

LA VOZ: Nada. Pero pagarás por lo que otros me hicieron a mí. Por eso me escapé, para venir a buscarte.

CAROLINA: ¿Se escapó? ¿De dónde?

LA VOZ: De un sitio horrible donde no tenía libertad, donde nadie me comprendía y donde me trataban peor que a un animal. Sí, me escapé... Pasé varios días en el bosque, escondido durante el día y caminando durante la noche. Tenía mucha hambre y sed.

CAROLINA: ¿Escondido? ¿Por qué?

LA VOZ: ¡Ja ja ja ja ja ja! ¡Cuando me veas, sabrás por qué!

CAROLINA: ¿Dónde está? ¡Dígame dónde!

LA VOZ: Bien cerca. Caminé toda la noche... por el bosque... había sombras... parecían fantasmas... escuché voces extrañas... me asusté... corrí, corrí... y entré a la primera casa que encontré. *(Cuelga.)*

Diálogo N°5. *(Aterrorizada, Carolina cuelga también. Al instante, vuelve a sonar el teléfono.)*

CAROLINA: ¿Aló?

EL POLICÍA: Es la policía. Lo hiciste muy bien, chica. Ya tenemos el número del teléfono de donde llamó el hombre. Es el 835-9072. La patrulla llegará a esa casa inmediatamente. Ahora tengo que colgar. Adiós. *(El policía cuelga.)*

CAROLINA: ¡Aló, aló! ¡No, no señor, no cuelgue, por favor! ¡Dios mío, no puede ser! ¡Auxilio! ¡Socorro!

Preguntas y respuestas

A. *Tenemos un dibujo en el cual hay tres escenas distintas. ¿Qué vemos en la primera escena?*

- En la primera escena Carolina está sentada en el salón, mirando la televisión. Parece que todo está tranquilo. Son las once de la noche y los niños ya se durmieron. Ahora Carolina puede descansar o llamar a sus amigos. La familia Campo tiene dos líneas telefónicas. ¡Qué suerte tiene Carolina!

B. *Escucha el diálogo Nº1. Son las once de la noche y Carolina recibe una lamada misteriosa. ¿Qué pensó ella de esta llamada?*

- Una voz desconocida trató de asustarla y Carolina pensó que era una broma de un compañero de clase llamado Miguel que le había hecho una broma parecida hacía un mes.
- Carolina no tomó la llamada en serio y se dijo que hablaría con Miguel cuando lo viera en la escuela.

C. *Escucha el diálogo Nº2. Han pasado diez minutos y Carolina recibe otra llamada mucho más seria. ¿Qué le pareció a ella la situación?*

- Era otra vez la misma voz que le decía que su llamada no era una broma. Esta persona sabía dónde estaba Carolina y lo que estaba haciendo. Le dijo también que llegaría a la casa de los Campo muy pronto.

D. *Escucha el diálogo Nº3. ¿Qué hizo Carolina?*

- Esta vez Carolina tomó en serio la llamada. Estaba sola en la casa y tenía que hacer algo. Entonces llamó a la policía y les explicó lo que pasaba.
- La policía puso un localizador en la línea telefónica para averiguar de dónde venía la llamada. Carolina tenía que hacer hablar al hombre por un minuto como mínimo para que el localizador pudiese ubicar la llamada. Así la policía sabría de dónde estaba llamando el hombre desconocido.
- Carolina estaba muy agradecida por la ayuda de la policía.

E. *Ahora miremos otra vez el dibujo, sobre todo la segunda parte. ¿Qué ves? ¿Puedes explicar quién es este hombre?*

- En el dibujo se ve a un hombre que está corriendo por el bosque. Su ropa nos indica que es un preso peligroso que acaba de escaparse de una cárcel.

F. *Escucha el diálogo N°4. Vas a escuchar la historia del hombre extraño. ¿Puedes resumir su aventura?*

*   Carolina recibe otra vez una llamada del hombre desconocido. Él le dijo que se acababa de escapar de un sitio donde nadie lo comprendía y lo trataban peor que a un animal. Le dijo también que tuvo que caminar por un bosque donde pasó hambre y sed. Además dijo que vio sombras que parecían fantasmas, oyó ruidos extraños, se asustó y corrió hasta entrar a la primera casa que encontró.

G. *Escucha el diálogo N°5. Carolina va a recibir noticias que le darán pánico. ¿Por qué?*

*   La policía llamó unos momentos después de la última llamada del extraño. Le dijo a Carolina que tenía el número de teléfono desde donde el hombre la estaba llamando, el 835-9072, y que la patrulla llegaría inmediatamente a esa casa. El policía colgó sin esperar la respuesta de Carolina porque tenía prisa.

*   Esta noticia le dio mucho pánico a Carolina y cuando el policía colgó primero ella no supo qué hacer. Luego soltó el teléfono gritando "¡Socorro!".

H. *Mira bien la tercera parte del dibujo. Carolina se dio cuenta de una cosa espantosa. ¿Qué es? ¿Y qué pasa en este momento en la casa de los Campo?*

*   Carolina se dio cuenta de que el teléfono desde donde había llamado el hombre extraño era uno de los de la casa de los Campo. ¡Este hombre peligroso estaba en la casa con ella! Por eso gritó "¡Auxilio! ¡Socorro!"

*   Vemos que Carolina todavía está en la sala con el teléfono en la mano. Son las once y cuarto y parece que ella tiene mucho miedo. Hay dos puertas abiertas en la sala.

Capítulo 2

El secuestro

⌒ Los diálogos de Carolina

Diálogo N°1. *(Carolina está en casa, charlando con Juan Carlos, su hermano menor. De repente, suena el teléfono.)*

CAROLINA: ¡Aló! Sí, soy Carolina.

SRA. PÉREZ: Carolina, soy tu vecina, la Sra. Pérez... la mamá de Pepito. Estoy muy preocupada. ¿Has visto a Pepito?

CAROLINA: No, señora.

SRA. PÉREZ: ¡Ay, Dios mío, dónde estará! Pepito no está en casa desde anoche.

CAROLINA: ¿Desde anoche, dice?

SRA. PÉREZ: Sí, Carolina. Anoche cenamos juntos, mi esposo, Pepito y yo. Después, Pepito subió a su dormitorio para jugar con su computadora. A eso de las once bajó a dar las buenas noches y después se acostó. Como hoy no bajó a tomar el desayuno, subí a su cuarto a ver qué pasaba. Pepito no estaba allí. Pensé que tal vez había ido a tu casa, pero hace unos minutos el cartero trajo una carta donde piden diez mil dólares de rescate. ¡La carta dice que Pepito fue secuestrado anoche!

CAROLINA: Entonces, ¿nadie lo vio desde anoche?

SRA. PÉREZ: Así es. *(sollozo)* Mi esposo tampoco lo vio. Hoy en la mañana salió apurado al trabajo sin tomar el desayuno. Uno trabaja tanto, que a veces no hay tiempo para ver a los hijos. ¡Qué desgracia! Yo tengo mi propio negocio y mi esposo tiene su trabajo. Nunca hay tiempo para nada.

CAROLINA: Cálmese, señora. Tal vez Pepito está en la casa de otro amigo. De todas formas, ahora voy para allá a ver en qué la puedo ayudar.

SRA. PÉREZ: ¡Gracias, Carolina! Sabía que me ibas a ayudar.

CAROLINA: Voy para allá ahora mismo.

Diálogo N°2. *(Carolina habla con la Sra. Pérez en el cuarto de Pepito.)*

CAROLINA: Dígame, señora. ¿El dormitorio de Pepito está siempre así?

SRA. PÉREZ: ¡No, no! El es un niño muy ordenado.

CAROLINA: Pues parece que aquí hubo una lucha. Y hay un agujero en la ventana. Seguramente alguien la rompió para entrar.

SRA. PÉREZ: ¡Madre de Dios! ¡Tengo que llamar inmediatamente a la policía!

CAROLINA: ¡No, señora! ¡Cálmese, por favor! Si mantenemos la sangre fría, vamos a resolver este misterio.

SRA. PÉREZ: Está bien, Carolina. Haré como tú digas.

CAROLINA: Muéstreme la carta. *(Carolina lee la carta.)* Mmmmmmm... Tiene fecha del seis y hoy es siete... Señora, ¿están todas sus cosas aquí?

SRA. PÉREZ: No. Falta algo de ropa y su saco de dormir.

CAROLINA: ¿Su saco de dormir? ¡Ajá! ¿A Pepito le gusta acampar?

SRA. PÉREZ: Sí, mucho. Le gusta acampar con los niños exploradores de la iglesia de San Miguel y también con su amigo Manuel.

CAROLINA: Sra. Pérez, ¿sabe una cosa? Yo no estoy tan segura de que esto sea un secuestro. ¿Puedo usar el teléfono?

Diálogo N°3. *(Carolina habla con Manuel, el amigo de Pepito.)*

CAROLINA: ¡Hola, Manuel! Soy yo, Carolina.

MANUEL: ¡Hola, Carolina! ¡Qué sorpresa!

CAROLINA: Manuel, ¿Pepito está en tu casa?

MANUEL: No...

CAROLINA: ¿Sabes dónde puede estar?

MANUEL: No, ni idea. ¿Por qué? ¿Pasa algo?

CAROLINA: Pepito ha desaparecido.

MANUEL: ¿Qué dices?

CAROLINA: Sí, nadie lo ha visto desde anoche. ¿Estás seguro de que no sabes dónde está?

MANUEL: No, no sé. Anoche hablamos por teléfono. Lo noté bastante triste. Se quejó de que no pasaba mucho tiempo con sus padres porque ellos siempre están trabajando y no tienen tiempo para nada más.

CAROLINA: Mmmm... ¿Te dijo algo más?

MANUEL: Sí, estuvo hablando sobre ese lugar en el bosque donde acampamos el verano pasado. Dijo algo sobre lo bien que se había sentido allí, mejor que en su propia casa.

CAROLINA: ¡Ahora comprendo! Mil gracias, Manuel. Oye, ¿puedes venir ahora mismo a la casa de Pepito?

MANUEL: ¿A la casa de Pepito? ¿Para qué?

CAROLINA: Cuando llegues te lo diré. Es un secreto.

MANUEL: Tú siempre con tus secretos. Está bien, voy para allá.

CAROLINA: Gracias, Manuel.

MANUEL: De nada. Nos vemos en un rato.

Diálogo N°4. *(El padre de Pepito, que acaba de llegar a casa, habla con su esposa y con Carolina.)*

Sr. Pérez: ¿Ya apareció Pepito?

Sra. Pérez: No, Raúl, qué horror, todavía no sabemos nada de Pepito. Mira, aquí está Carolina. Ha venido para ayudarnos.

Sr. Pérez: Buenas tardes, Carolina. Gracias. Pero dime, ¿tienes alguna idea?

Carolina: Acabo de hablar con Manuel, el mejor amigo de Pepito. Por lo que él me dijo, creo que no se trata de un secuestro sino de una fuga.

Sr. Pérez: ¿Qué quieres decir?

Carolina: Mire la ventana, señor. ¿Ve usted este agujero?

Sr. Pérez: Sí... ¿y?

Carolina: ¿Y qué ve usted en el piso delante de la ventana?

Sr. Pérez: Nada.

Carolina: Exacto. Pero venga a ver del otro lado de la ventana. *(El Sr. Pérez se acerca a la ventana.)* Dígame, ¿qué ve?

Sr. Pérez: Pedazos de vidrio.

Carolina: ¿Y eso qué le dice?

Sr. Pérez: No sé...

Carolina: Elemental, Sr. Pérez. Que el vidrio fue roto desde adentro. Eso quiere decir que aquí no ha habido ningún secuestro. Pepito se ha escapado.

Sra. Pérez: ¿Escapado? ¿Por qué?

Carolina: Bueno... yo creo que Pepito no estaba contento. A Manuel le contó que estaba triste porque ustedes trabajan demasiado y no tienen tiempo para él. Yo pienso que él mandó esta carta y desordenó su cuarto para simular un secuestro. Seguramente, pensó que de esa manera recibiría más atención.

Sr. Pérez: La verdad es que últimamente no hemos tenido tiempo para él. Pero ahora lo importante es encontrarlo. ¿Estará sano y salvo?

Carolina: No se preocupe, señor. Yo creo que sé dónde está. Manuel está afuera, listo para llevarlos a un lugar... digamos... especial en el bosque. Allí encontrarán a su hijo.

Sr. Pérez: ¿Cómo lo sabes?

Carolina: Por simple y lógica deducción. Pero no pierdan más tiempo. Ya les explicaré después. Ahora vayan con Manuel.

Sr. Pérez: Está bien, te creo. Gracias, Carolina. ¡Ven, Margarita! ¡Vamos por nuestro hijo!

Preguntas y respuestas

A. *Escucha el diálogo N°1. ¿Cuál es la situación?*

- La Sra. Pérez llamó por teléfono a Carolina. Estaba muy preocupada porque su hijo de once años, Pepito, había desaparecido desde anoche. Después de la cena él subió a su dormitorio para jugar con su computadora, luego bajó a dar las buenas noches y se acostó. Al día siguiente, Pepito no bajó para el desayuno y su madre subió a su cuarto para ver si estaba allí. Como no lo encontró, pensó que tal vez estaba en casa de Carolina. Pero luego el cartero trajo una carta. La carta decía que Pepito había sido secuestrado y pedían diez mil dólares de rescate.

- Los padres de Pepito trabajaban mucho. No tenían tiempo para prestarle más atención a su hijo. La Sra. Pérez creyó que él fue secuestrado.

B. *Mira bien el dibujo. ¿Qué ves?*

- Es el dormitorio o el cuarto de un chico. En la cama, la manta, la almohada y las sábanas están desordenadas. La ropa está en el suelo. Se ve un número de la revista *Exploradores*. Hay una carta sobre la cama.

- Es la carta que trajo el cartero y en la que piden dinero por el niño. El sobre muestra el sello de la casa de correos con la fecha: seis de junio.

- Una ventana está medio abierta y hay un agujero en uno de los vidrios.

C. *Escucha el diálogo N°2. Carolina habla con la Sra. Pérez. ¿Qué información nueva hay?*

- Carolina se enteró de que Pepito era un chico ordenado. Parecía que había habido una lucha en el cuarto.

- Carolina creyó que alguien había roto el vidrio de la ventana para entrar. Eso le dio pánico a la madre de Pepito y Carolina tuvo que calmarla.

- La Sra. Pérez observó que faltaban un poco de la ropa de Pepito y su saco de dormir. Dijo que su mejor amigo era Manuel y que a Pepito le gustaba acampar con él y los niños exploradores de la iglesia de San Miguel.

- La fecha de hoy es siete de junio.

D. *Mira el dibujo otra vez, sobre todo la ventana. La madre de Pepito creyó que había habido un secuestro, pero Carolina no estaba tan segura. ¿Por qué?*

- Su saco de dormir no estaba en el cuarto y a Pepito le gusta acampar.
- La carta había sido escrita ayer, antes del secuestro. El criminal estaba bien preparado, ¿verdad?
- Lo que es más importante, debajo del agujero de la ventana no hay pedazos de vidrio. Eso indica que el vidrio de la ventana no fue roto desde afuera. Alguien lo hizo desde a dentro del cuarto.

E. *Escucha el diálogo N°3. Carolina habla con Manuel, el amigo de Pepito. ¿Qué le dijo Manuel?*

- Manuel estaba sorprendido de que Pepito hubiera desaparecido. El habló con Pepito anoche sobre ese lugar especial en el bosque donde acampaban a menudo los niños exploradores. Le dijo que se sentía muy bien allí, mejor que en su propia casa.
- Manuel también dijo que lo notó triste y que Pepito le dijo que le faltaba la atención de sus padres quienes siempre estaban trabajando.

F. *Escucha el diálogo N°4. El padre de Pepito acaba de llegar de su oficina y habla con la Sra. Pérez y con Carolina. ¿De qué hablaron?*

- Carolina indicó que no pensaba que había habido un secuestro. Pepito era un chico solitario, que necesitaba más cariño y atención de sus padres.
- Nadie entró al dormitorio por la ventana. Entonces, fue Pepito quien salió por la ventana y se fue al bosque con su saco de dormir.
- Manuel estaba listo para llevar al Sr. Pérez a ese lugar especial en el bosque donde, según Carolina, estaba Pepito.

G. *Esto fue lo que pasó cuando el Sr. Pérez y su esposa encontraron a Pepito en el bosque.*

- Los padres de Pepito siguieron a Manuel al bosque y encontraron a Pepito en su lugar secreto. Pepito estaba sorprendido de verlos y un poco nervioso. Pero su padre corrió a él y lo tomó en sus brazos. Le dio un abrazo muy cariñoso. Le dijo que era tonto trabajar todo el tiempo sin pensar en su hijo. Su madre lloraba de alegría. Y Manuel tenía una gran sonrisa. ¡Estaba feliz de haber ayudado a su mejor amigo!

Capítulo 3

¿Quién mató al tío Francisco?

⌒ Los diálogos de Carolina

Diálogo N°1. *(Carolina acaba de llegar a la casa de Francisco y Juan Murillo. Al entrar, se encuentra con un policía.)*

CAROLINA: Buenos días, señor. Soy Carolina Cisneros, una amiga de Francisco y Juan Murillo. ¿Ha pasado algo?

EL POLICÍA: Estamos investigando una muerte, señorita. Ah, aquí está el Sr. Murillo. Él le puede explicar.

JUAN: Hola, Carolina. ¡Tengo malas noticias! Francisco está muerto. Lo encontré allí en el piso delante de la chimenea cuando regresé hace un rato. Tenía su pistola en la mano. ¡Y Alonso estaba al lado del cuerpo!

ALONSO: ¡Eso no es cierto!

CAROLINA: ¿Quién es usted, señor?

ALONSO: Me llamo Alonso Pelufo y trabajo en la peluquería de al lado. Como ya le he dicho a la policía, oí un disparo de pistola mientras fumaba un cigarrillo en la calle. Corrí a esta casa, vi la puerta abierta y entré. Encontré al Sr. Juan en la sala con su hermano tirado en el piso. Como vi sangre, llamé inmediatamente a la policía.

JUAN: Todo eso que dice es completamente falso. Cuando entré a la sala Alonso ya estaba allí al lado de mi hermano.

ALONSO: ¡Mentira! ¡Fue él quien...!

EL POLICÍA: ¡Señores, silencio, por favor! Así no vamos a resolver nada. Éste es un asunto muy serio y hay que investigarlo con calma. A ver, ¿qué tenemos? Primero: El Sr. Murillo murió de un disparo de pistola al corazón. Segundo: Es obvio que el disparo fue hecho a corta distancia. Y tercero: Parece que hubo una lucha antes de su muerte. Bueno, ahora tengo que hacer un par de llamadas. Por favor, no se muevan de aquí hasta que regrese. Con permiso.

Diálogo N°2. *(Después de unos minutos, el policía regresa a la sala.)*

EL POLICÍA: Bueno, ya está. Ahora necesito saber dónde estaban ustedes.

JUAN: Esta mañana yo me fui a trabajar a la carpintería, como siempre.

EL POLICÍA: Entonces ¿qué hace usted aquí?

JUAN: Lo que pasa es que cuando llegué a la carpintería me di cuenta de que me había olvidado mi bolsa de herramientas y entonces volví para recogerla. Llegué a la casa hace solamente veinte minutos. Alonso ya estaba aquí. Lo encontré en la sala al lado del cuerpo de mi hermano. ¡El asesino es él!

ALONSO: ¿Yo? Hombre, estás loco. ¿Acaso yo tenía motivos para matarlo? Mira, si alguien tenía motivos, ése eres tú, no yo. Todo el mundo sabe que ustedes discutían mucho y que tu hermano tenía un seguro de vida de quinientos mil dólares. Tú lo mataste con su propia pistola y luego se la pusiste en la mano para simular un suicidio.

EL POLICÍA: Sr. Murillo, mire, acabo de hablar con su jefe y me dijo que usted no se apareció hoy por la carpintería. ¿Cómo explica usted eso?

JUAN: Bueno, es verdad que nunca llegué al trabajo... Estaba tomando el desayuno en casa de una amiga.

EL POLICÍA: Dígame cómo se llama su amiga y dónde vive.

JUAN: Lo siento, pero no puedo. Ella es una mujer casada y no deseo comprometerla. Por eso mentí. Pero sí es verdad que me olvidé mis herramientas y que volví para recogerlas.

CAROLINA: Señor policía, ¿me permite decir algo?

EL POLICÍA: Sí, cómo no.

CAROLINA: Gracias. ¿Esta muerte no puede ser un suicidio? Mire el espejo.

EL POLICÍA: Ya lo he mirado, señorita. Y es claro que la víctima no escribió esa frase que está en el espejo. Mire bien. ¿Se da cuenta por qué?

CAROLINA: Sí, tiene usted razón. Ahora me doy cuenta.

Diálogo N°3. *(Las cuatro personas están ahora hablando junto al espejo.)*

CAROLINA: Claro, esta frase no la escribió don Francisco. Él era demasiado bajo para llegar hasta allí. Sin embargo, ustedes dos son altos y fácilmente podrían haber...

ALONSO: ¡Pues él es un poco más alto que yo! Ahí tienen al asesino.

JUAN: No, el asesino eres tú. Todo el barrio sabe que todas las noches organizas juegos de póker en tu casa y que Francisco, que le gustaba jugar, siempre estaba allí. Francisco perdió miles de dólares en el juego y, como no quería pagarte, tú lo amenazaste varias veces. Estoy seguro de que hoy viniste aquí por tu dinero. Francisco no quiso pagarte, tú lo amenazaste otra vez, él sacó su pistola y tú se la quitaste. Después le disparaste y él cayó al piso muerto. Luego pusiste la pistola en su mano y escribiste esa frase para confundir a la policía. Antes de irte, te llevaste el dinero que te debía y que estaba en su escritorio.

ALONSO: ¡Vaya qué cuento! Tú deberías dedicarte a escribir ciencia ficción, Juan.

CAROLINA: Tal vez sí, tal vez no. Bueno, con permiso. Tengo algo que hacer. *(Carolina sale de la casa.)*

Diálogo N°4. *(Carolina entra a la sala otra vez.)*

CAROLINA: Señores, creo que ya puedo resolver este crimen.

EL POLICÍA: ¿De veras, Carolina? ¿Cómo?

CAROLINA: Hay un par de claves interesantes. La primera es que el motor del carro de Juan todavía está caliente. Pero hay otra clave que ha estado delante de nuestros ojos todo este tiempo y que prueba con toda seguridad quién es el asesino.

EL POLICÍA: ¿Qué clave? ¿Dónde?

CAROLINA: Mire con cuidado y la verá usted también.

Preguntas y respuestas

A. *Mira el dibujo del cuarto. ¿Qué ves?*

- Estamos en la sala de una casa. Delante de la chimenea está el cuerpo de una persona cubierto con una sábana. La persona parece muerta y tiene una pistola en la mano derecha.

- Encima de la chimenea hay un espejo sobre el cual están escritas las palabras "no puedo seguir viviendo".

- A la izquierda de la chimenea, en el piso, se ve una mesita, un teléfono, una lámpara y una taza con marcadores de varios colores.

- A la derecha, sobre la mesa de centro, hay un lápiz, una hoja de pedidos, un catálogo llamado "Libros por correo" y una taza de café.

B. *Escucha el diálogo N°1. ¿Qué pasó con don Francisco Murillo? ¿Qué dijeron Juan Murillo, Alonso Pelufo y el policía?*

- Francisco murió de un disparo de pistola al corazón. El disparo fue hecho a corta distancia. Debido al desorden de los muebles, parece que hubo una lucha en la sala antes de su muerte.

- Juan dijo que lo encontró en el piso delante de la chimenea cuando regresó a casa. Encontró a Alonso en la sala junto al cuerpo de su hermano.

- Alonso dijo que oyó un disparo de pistola mientras fumaba un cigarrillo en la calle delante de su peluquería, que está al lado de la casa de los Murillo. Cuando entró a la casa para investigar, vio a Juan junto al cuerpo de su hermano. Como vio sangre, Alonso llamó a la policía.

- El policía se fue para hacer unas llamadas.

C. *Escucha el diálogo N°2. ¿Le dijo Juan la verdad al policía?*

- Juan le dijo que se había olvidado sus herramientas y que cuando regresó para recogerlas, encontró a Alonso en la sala.

- Alonso le contestó que todo el mundo sabía que él y su hermano discutían a menudo y que Francisco tenía un seguro de vida de quinientos mil dólares. Dijo que Juan mató a su hermano y que puso la pistola en su mano para simular un suicidio.

- El policía regresó luego de hacer sus llamadas por teléfono. Averiguó que Juan no había estado en su trabajo. Juan dijo que mintió porque estaba tomando el desayuno con una mujer casada, pero que de verdad volvió para buscar sus herramientas.

- Carolina preguntó si la muerte podía ser un suicidio, pero el policía dijo que la víctima no escribió la frase en el espejo.

D. *Ahora mira otra vez el dibujo de la sala. ¿Por qué no podía ser don Francisco quien escribió esta frase en el espejo?*

- La persona que escribió "no puedo seguir viviendo" con uno de los marcadores que estaban en el piso, tenía que ser lo suficientemente alta como para llegar a la parte superior del espejo. Pero la víctima era bastante baja, ¿verdad?

E. *Escucha el diálogo Nº3. Según Juan, ¿qué pasó?*

- Don Francisco no podía escribir esta frase y por eso no fue un suicidio.
- Juan pensaba que Alonso era el asesino porque organizaba juegos de póker en su casa y don Francisco le debía miles de dólares. Según Juan, Alonso vino por su dinero, pero don Francisco no quiso pagarle. Sacó su pistola, Alonso se la quitó, le disparó y don Francisco cayó muerto. Entonces Alonso puso la pistola en su mano y escribió la frase para confundir a la policía. Antes de irse, se llevó el dinero que don Francisco le debía.
- Carolina salió de la casa diciendo que tenía algo que hacer. No sabemos qué cosa.

F. *Escucha el diálogo Nº4. Carolina acaba de entrar a la sala otra vez y parece lista para resolver el misterio. ¿Ya sabe ella quién fue el asesino?*

- Carolina les dijo que había dos claves interesantes. La primera era que el motor del carro de Juan todavía estaba caliente. Dijo también que había otra clave que había estado delante de ellos todo ese tiempo. Según ella, esa clave probaba con toda seguridad quién era el asesino.
- El policía le preguntó dónde estaba la clave. Carolina le contestó que mirara con cuidado y la vería él también.

G. *Mira bien el dibujo otra vez. Carolina nos dijo que la prueba estaba allí, delante de nosotros. ¿Puedes verla?*

- Mira la mesita de centro en la parte izquierda del dibujo. Alguien estaba pidiendo libros del catálogo. Es lógico que era don Francisco y es obvio que él era zurdo. Mientras escribía en la hoja de pedidos con la mano izquierda, bebía su café con la mano derecha.
- Juan sí sabía que su hermano era zurdo. Por eso, cuando Alonso puso la pistola en la mano derecha de la víctima, cometió una gran equivocación. ¡Fue él quien mató a don Francisco, tal y como había dicho Juan!

Capítulo 4

¿Incendio accidental o premeditado?

⌒ Los diálogos de Carolina

Diálogo N°1. *(El Sr. Esteban Montero, dueño de una tienda de deportes, está cenando en casa del Sr. Cisneros, su mejor amigo y padre de Carolina.)*

SR. MONTERO: ¡Qué comida, Marisol! Como siempre, tu paella negra está exquisita y este vino blanco tiene un sabor muy sutil, Raúl.

SR. CISNEROS: Queríamos celebrar tu éxito, Esteban. Realmente nos da mucho gusto que te vaya tan bien en tu tienda. Te felicito. ¡Salud!

SR. MONTERO: ¡Salud y gracias! Sí, la verdad es que me está yendo muy bien. Estamos vendiendo una marca nueva de ropa deportiva; se llama Flecha Roja y es argentina. Es cómoda, de buena calidad y muy de moda. Las ventas de las últimas dos semanas han sido increíbles. Nunca hemos vendido tanto. No sé cuánto dinero hay en la caja fuerte, pero tiene que haber varios miles. Ni siquiera he tenido tiempo de llevar el dinero al banco. Hoy mismo lo voy a hacer.

SR. CISNEROS: Oí que tienes dos empleados nuevos...

SR. MONTERO: Sí. Se llaman Alberto y Anita. Me gustan mucho, trabajan bien, son responsables y hacemos un buen equipo.

SR. CISNEROS: ¡Qué bueno! Y tú, Carolina, ¿en qué piensas? No has dicho una palabra durante toda la cena.

CAROLINA: Pero papá, a veces es mejor escuchar.

(Suena el teléfono. La Sra. Cisneros contesta.)

SRA. CISNEROS: ¿Aló? Margarita, hola. Sí, aquí está. Un segundo, por favor. Esteban, es Margarita. Quiere hablar contigo.

SR. MONTERO: Gracias. ¿Margarita? Hola, mi amor. ¿Cómo, qué dices? ¡Dios mío! ¡No puede ser! Sí sí, voy para allá enseguida.

SRA. CISNEROS: Esteban, ¿qué pasa?

SR. MONTERO: Ha sucedido una cosa terrible. Hubo un incendio en mi tienda y los bomberos están allá. Tengo que irme ahora mismo. Lo siento...

SR. CISNEROS: Hombre, no te preocupes.

CAROLINA: Papá, ¿puedo ir con el señor Montero?

SR. CISNEROS: Sí, ¿por qué no? Tu madre y yo iremos a acompañar a la Sra. Montero. Nos vemos más tarde.

Diálogo N°2. *(El policía les está haciendo preguntas a dos hombres y a una mujer.)*

EL POLICÍA: Entonces, Ud. es el Sr. Montero, el dueño de la tienda...

SR. MONTERO: Sí, señor. Vine apenas me llamó mi esposa. ¡Qué horror! Gracias a Dios que no hubo víctimas.

EL POLICÍA: Dígame, ¿conoce Ud. a estas personas?

SR. MONTERO: Por supuesto. Son Alberto y Anita, mis empleados. Ellos son de Argentina. Hace seis meses que trabajan para mí y les tengo plena confianza, hasta tienen llaves de la tienda. Son gente muy buena. ¿Sabía Ud. que Alberto jugó en el equipo argentino de fútbol en la Copa Mundial de 1986?

EL POLICÍA: ¿Así? ¡Qué bien!... Bueno, ¿cómo es que Uds. estaban aquí?

ANITA: Vinimos porque oímos a los bomberos. Nosotros estábamos cenando en el restaurante de al lado, El Cóndor. Hoy día tuvimos una venta increíble y después de cerrar la tienda nos fuimos a cenar allí para celebrar.

EL POLICÍA: ¿A qué hora cerraron hoy?

ALBERTO: Como a las seis y media... después que guardamos el dinero en la caja fuerte.

SR. MONTERO: ¡El dinero! ¿Dónde está la caja fuerte?

EL POLICÍA: La caja está en la tienda, pero vacía.

SR. MONTERO: ¿Quiere decir que el dinero se quemó?

EL POLICÍA: No, no... la caja no está quemada para nada. ¿Había mucho dinero adentro?

SR. MONTERO: ¡Más de 15.000 dólares! ¡El dinero de la venta de dos semanas! ¡Qué mala suerte la mía!

ALBERTO: ¿Dice Ud. que el dinero desapareció?

EL POLICÍA: Así es.

CAROLINA: Entonces este incendio no fue accidental. Alguien lo hizo a propósito para cubrir un robo.

Diálogo N°3. *(El policía le dice a Carolina lo que descubrió acerca del robo.)*

EL POLICÍA: Una persona menos pesada que el Sr. Montero, con botas del mismo tamaño que las suyas, entró y salió por la misma puerta de al lado caminando hacia atrás para confundirnos.

CAROLINA: Entonces, ¿el señor Montero no lo hizo?

EL POLICÍA: No, y hay más claves. La persona que incendió el edificio se llevó la foto del equipo de fútbol que ganó la Copa Mundial en 1986. Estaba encima del estante. Además, el incendio empezó de una manera extraña, aquí cerca de la caja registradora.

CAROLINA: Señor policía, ¿me permite investigar un poco?

EL POLICÍA: Cómo no, Carolina. Tal vez puedas ayudarnos.

(Carolina entra al edificio y regresa después de un rato.)

CAROLINA: Me gustaría hablar con el Sr. Alberto Rossi.

EL POLICÍA: Ya hablamos con él y no nos dijo nada. Pero, si quieres, puedes hablarle, Carolina.

Diálogo N°4. *(Carolina habla con Alberto, el ex jugador de fútbol.)*

ALBERTO: Carolina, ¿querías hablar conmigo?

CAROLINA: Sí, Sr. Rossi. ¿Fue Ud. quien hizo esas huellas en la nieve?

ALBERTO: No. A mí me gusta trabajar para el Sr. Montero. No tengo ningún motivo para robarle. Yo mismo traje esa nueva marca de mi país, Flecha Roja, que aquí ha sido un gran éxito. Anita y yo ganamos un buen sueldo y en un año tendremos suficiente dinero para casarnos. Ella está impaciente, quiere que nos casemos hoy mismo, pero yo siempre le digo que es mejor esperar un tiempo más. Pero la amo con todo mi corazón. Como le decía, nos va muy bien aquí. Jamás le robaríamos nada al Sr. Montero.

CAROLINA: Después de cerrar la tienda, Uds. cenaron en el restaurante de al lado, en El Cóndor, ¿verdad?

ALBERTO: Sí, primero tomamos unas cervezas y pedimos la comida, mmm... como a las siete.

CAROLINA: ¿Y estuvieron todo el tiempo en el restaurante?

ALBERTO: Sí. En un momento Anita tuvo que ir al baño porque se le había manchado el vestido y cuando regresó, su sopa ya estaba completamente fría. Más o menos a los 15 minutos oímos a los bomberos y aquí estamos.

CAROLINA: Gracias, Sr. Rossi. Ud. me ha ayudado a descubrir al ladrón. ¿O debería decir la ladrona?

Diálogo N°5. *(Carolina habla con Anita.)*

CAROLINA: Srta. Anita, he hablado con su novio y ahora sé que usted se robó el dinero. Su rociador de pelo no está en el baño de la tienda. Creo que la policía puede encontrarlo, así como al par de botas, en el baño de El Cóndor. El dinero lo puede encontrar en su bolso, ¿no es verdad? ¿Hay necesidad de buscar?

ANITA: ¡Ay, qué estúpida soy! *(Empieza a llorar.)* Tú tienes razón, Carolina. Yo quería tanto casarme con Alberto que no podía esperar un año más. Y para casarnos necesitábamos el dinero.

CAROLINA: Por eso Ud. pasó tanto tiempo en el baño con la excusa de que se le había manchado el vestido. Necesitaba tiempo para ir a la tienda, robarse el dinero, causar el incendio y volver a la mesa.

ANITA: Sí, salí del restaurante por la ventana del baño, crucé el callejón y entré a la tienda llevando botas del mismo tamaño que las del Sr. Montero. Tomé el dinero y usé mi rociador de pelo que estaba en el baño de la tienda para comenzar el incendio. Regresé al restaurante caminando para atrás. *(Pausa.)* ¡Dios mío, para qué hice eso! ¡Por favor, Carolina, no digas nada, te lo ruego, devolveré el dinero! ¡Ten compasión de mí!

CAROLINA: Lo siento, Srta. Anita. Ud. ha cometido un delito y yo no puedo quedarme en silencio. *(Pausa.)* Señor policía, por favor venga aquí, la Srta. Anita quiere decirle algo.

Preguntas y respuestas

A. *(El Sr. Esteban Montero, dueño de una tienda de deportes, está cenando en casa del Sr. Cisneros, su mejor amigo y padre de Carolina.) Escucha el diálogo N°1. ¿De qué hablaron y qué noticias recibió el Sr. Montero?*

- A él le encantaron la paella negra y el vino blanco de la Sra. Cisneros.

- Fue a casa de los Cisneros para celebrar la enorme venta de una nueva marca de ropa deportiva, Flecha Roja. Es ropa muy cómoda y está de moda. Estaba muy contento porque le iba muy bien en su negocio y pensaba llevar al banco el dinero que había ganado en dos semanas de venta.

- El Sr. Montero tiene dos empleados nuevos, Alberto y Anita.

- Carolina no dijo nada durante toda la cena porque, según ella, era mejor escuchar.

- De repente sonó el teléfono. La Sra. Cisneros contestó: era Margarita, la esposa del Sr. Montero; ella pidió hablar con su esposo. El Sr. Montero habló con su esposa y se enteró de que había habido un incendio en su tienda. Los bomberos ya estaban allí. Tenía que irse enseguida.

- Carolina preguntó si podía ir con el Sr. Montero y su papá le dijo que sí. Él y su esposa irían a acompañar a la Sra. Montero.

B. *Mira el dibujo. ¿Qué ves?*

- Hay una tienda que se llama Rincón del Fútbol. Es obvio que hubo un incendio. Nevó hace un rato y en la nieve hay unas huellas hasta la puerta principal y hasta la puerta de al lado en el callejón.

- Hay cinco personas delante de la tienda: un policía, dos hombres y una mujer y Carolina. Los dos hombres y la mujer parecen nerviosos. El hombre más viejo lleva botas, la mujer tiene un peinado raro y el joven parece muy atlético.

C. *Escucha el diálogo N°2. El policía les está haciendo preguntas a dos hombres y a una mujer. ¿Quiénes son y qué están haciendo allí? ¿Fue el incendio accidental?*

- Las personas son el Sr. Montero, que acaba de llegar de la casa de los Cisneros, y sus dos empleados, Alberto y Anita. A las seis y media Alberto y Anita fueron al restaurante de al lado para celebrar la gran venta. Volvieron a la tienda cuando oyeron a los bomberos.

- El Sr. Montero se acordó del dinero y preguntó dónde estaba la caja fuerte. En la caja fuerte había más de 15.000 dólares. El policía le dijo que la caja fuerte estaba vacía y que el dinero había desaparecido.

- Según Carolina el incendio no fue un accidente. Alguien lo hizo a propósito para cubrir un robo.

D. *Mira bien otra vez el dibujo. ¿Puedes explicar las huellas en la nieve? ¿Son iguales todas las huellas?*

- Solamente el Sr. Montero lleva botas. Hay una hilera de huellas delante de la tienda que indican la llegada de una persona que lleva botas. Por la puerta de al lado hay dos hileras de huellas. Las huellas delante de la tienda son más hondas y del mismo tamaño que las otras hileras de huellas.

- Las huellas de al lado son distintas porque la marca del talón es diferente. Una persona más ligera que el Sr. Montero entró a la tienda y salió caminando para atrás para confundir a la policía.

E. *Ahora escucha el diálogo Nº3. El policía le dice a Carolina lo que descubrió acerca del robo.*

- La persona que causó el incendio pesaba menos que el Sr. Montero y se llevó la foto del equipo de fútbol que ganó la Copa Mundial en 1986. La foto estaba encima del estante.

- Además, el incendio empezó de una manera extraña.

- Carolina pidió permiso para investigar y para hablar con Alberto.

F. *Escucha el diálogo Nº4 en el que Carolina habla con Alberto. ¿Qué averiguó ella?*

- A Alberto le gustaba trabajar para el Sr. Montero y no tenía ningún motivo para robarle. Estaba orgulloso del éxito de la nueva marca de ropa que él mismo trajo de la Argentina.

- Pensaba casarse con Anita en un año, cuando tuviese suficiente dinero.

- Pero Anita estaba muy impaciente; ella no quería esperar tanto tiempo.

- Le dijo a Carolina que ellos entraron a El Cóndor a las seis y media y que pidieron la comida a las siete. Anita tuvo que ir al baño porque se le había manchado el vestido. Cuando volvió a la mesa, su sopa estaba completamente fría. Quince minutos más tarde oyeron a los bomberos y regresaron a la tienda.

G. *Entonces, ¿quién fue el criminal y por qué lo hizo? Puede ser el Sr. Montero, Alberto o Anita. Aquí tienes algunas ideas para ayudarte a descubrir al culpable.*

- Después de hablar con Alberto, Carolina sabía que el criminal no era ni el dueño ni Alberto. El Sr. Montero estaba cenando con los Cisneros cuando empezó el incendio. El negocio de la tienda iba muy bien y tanto Alberto como el Sr. Montero estaban muy contentos y optimistas.

- Entonces fue Anita quien cogió el dinero e incendió la tienda para cubrir el robo. Pero ¿por qué?

H. *Escucha el diálogo Nº5 en el que Carolina habla con Anita.*

- Carolina le dijo a Anita que creía que ella era la culpable y que el policía podría encontrar el dinero en su bolso, y un par de botas y su rociador de pelo en el baño de El Condor.

- Cuando Anita escuchó eso, comenzó a llorar y confesó su culpabilidad. Ella quería casarse con Alberto y no podía esperar un año más. Entonces, salió del restaurante por la ventana del baño, cruzó el callejón y entró a la tienda llevando botas del mismo tamaño que las del Sr. Montero. Anita cogió el dinero y causó el incendio usando el rociador de pelo que estaba en el baño de la tienda. Antes de salir, se llevó la foto donde su amado aparecía con su equipo de fútbol.

Capítulo 5

¿Mordedura o mordida?

⌒ Los diálogos de Carolina

Diálogo N°1. *(Carolina llama por teléfono desde la tienda del Sr. Ramos.)*

CAROLINA: ¡Aló! ¿Con la policía? Mi nombre es Carolina Cisneros. Estoy llamando de la tienda de animales exóticos del Sr. Ramos. Ha sucedido una cosa terrible: el Sr. Ramos está muerto. Esta tarde vine a visitarlo y lo encontré apoyado sobre su escritorio como si estuviera dormido. Le hablé varias veces, pero no me contestó. Entonces me acerqué y vi que estaba muerto. No, no... no había nadie más en la tienda. Lo único extraño es que una de las jaulas de la sección de las serpientes estaba rota y vacía. Sí, cuando llegué la puerta estaba abierta, pero el Sr. Ramos acostumbraba dejarla así. Sí, es todo lo que sé. La tienda está en la calle 88, número 274. Por favor, vengan rápido.

Diálogo N°2. *(Carolina habla con un policía en la tienda del Sr. Ramos.)*

CAROLINA: ¿Sabe cómo murió el Sr. Ramos?

EL POLICÍA: Sí, murió envenenado a causa de una mordedura de serpiente. ¿Ves estos dos pequeños agujeros que tiene en la mano? La serpiente coral se salió de su jaula y lo mordió. Mira, la jaula está rota.

CAROLINA: Sí, todo indica que lo mató la serpiente, pero...

EL POLICÍA: ¿Qué? ¿No estás convencida?

CAROLINA: Mmmmm... no sé... Primero quiero asegurarme de una cosa. Bueno, señor policía, hasta luego.

EL POLICÍA: ¡Carolina, espera, dime qué estás pensando!

Diálogo N°3. *(Carolina llama por teléfono al Sr. Martínez, su profesor de zoología.)*

CAROLINA: Buenas tardes, profesor, soy Carolina Cisneros, su estudiante. Espero no molestarlo...

SR. MARTÍNEZ: ¡Claro que no, Carolina! ¿En qué puedo servirte?

CAROLINA: Profesor, tengo una pregunta. ¿Puede una serpiente coral matar a un adulto?

SR. MARTÍNEZ: Generalmente no. La coral, o coralillo, no tiene colmillos y por eso no puede morder a nadie.

CAROLINA: Eso es lo que pensaba, pero quería estar segura. Muchas gracias, profesor. Adiós.

Diálogo N°4. *(Carolina está charlando con la Sra. Ortiz, que conoce bien la vida del barrio.)*

CAROLINA: Señora Ortiz, Ud. es la dueña de la tienda que está al lado de la del señor Ramos y hace muchos años que la tiene, ¿verdad? Dígame, ¿Ud. sabe si el Sr. Ramos les pagaba una mordida a la pandilla Las Serpientes Reales?

SRA. ORTIZ: Sí, como todas las tiendas en la calle 88 que quieren paz. Pero, la mordida no es mucho; son sólo $20 al mes. Y los jóvenes de la pandilla le daban mucho negocio porque a ellos les encantan las serpientes.

Diálogo N°5. *(Carolina habla con Pepe, el hermano menor del Sr. Ramos.)*

CAROLINA: Ud. es el hermano del Sr. Ramos, ¿verdad?

PEPE: Sí, soy su hermano, pero yo no lo conocía bien. No nos veíamos casi nunca. Él siempre estaba trabajando y no tenía tiempo para visitar a nadie de la familia. Como ganaba mucho dinero, era muy arrogante con nosotros. La semana pasada fui a verlo para ofrecerle mi ayuda. No sé mucho de animales exóticos, pero necesitaba empleo y, además, quería ayudarlo. Mi hermano me rechazó sin ninguna explicación. ¡Qué tipo tan arrogante!

CAROLINA: ¿Ésa fue la última vez que estuvo Ud. en la tienda de su hermano?

PEPE: Sí, ésa fue la última y única vez.

Diálogo N°6. *(Carolina entrevista a la esposa de la víctima.)*

CAROLINA: Sra. Ramos, disculpe que la moleste en momentos tan tristes. Me llamo Carolina Cisneros y era amiga de su esposo. Era un hombre muy bueno... de veras lo siento mucho...

SRA. RAMOS: Gracias, señorita. Sí, mi esposo me habló varias veces de usted. Me dijo que Ud. era una buena chica y que lo visitaba a menudo. Decía que a Ud. le encantaban sus historias sobre lo que pasaba en el barrio...

CAROLINA: Sí, me gustaba mucho charlar con él.

SRA. RAMOS: ¡Pobre Raúl! Trabajó toda su vida y mire cómo acabó: ¡mordido por una serpiente! Yo le decía que se jubilara, pero él no podía vivir sin trabajar. Trabajaba demasiado. Siempre estaba cansado y todas las tardes yo lo encontraba dormido sobre su escritorio. ¡Pobrecito!

CAROLINA: Sra. Ramos... Creo que la muerte de su esposo no fue un accidente.

SRA. RAMOS: ¿Cómo? ¿Qué quieres decir?

CAROLINA: Que alguien lo mató.

SRA. RAMOS: No puede ser. Raúl no tenía enemigos. Todos lo querían mucho. Era una persona simpática y amable. Nunca discutía ni peleaba con nadie. Bueno, nunca no... La única vez que lo vi furioso fue la semana pasada cuando se peleó con Pepe, su hermano. Pepe vino a la tienda a pedirle dinero, dijo que estaba en problemas y que tenía que pagar unas deudas urgentemente. Pero mi esposo no se lo dio. Entonces Pepe se enojó y le gritó que era un mal hermano y un egoísta. Ahí fue cuando mi esposo lo botó de la tienda y le dijo que no quería volver a verlo. Hizo bien. Pepe no quería trabajar, pero se aparecía todas las semanas por la tienda a pedir dinero. Y siempre faltaban cosas. Claro, como mi pobre esposo siempre se quedaba dormido sobre el escritorio, estoy segura de que Pepe se las robaba.

CAROLINA: Sra. Ramos, según usted, su esposo no tenía enemigos... pero ¿qué me dice del propietario del local de la tienda?

SRA. RAMOS: Bueno... sí... el propietario tenía problemas con mi esposo. Él quería construir un edificio en el local donde está la tienda y mi esposo no quería mudarse.

CAROLINA: ¿Y cree Ud. que él lo mató?

SRA. RAMOS: Puede ser. Cuando hay dinero de por medio, todo es posible, ¿no?

CAROLINA: Sí, es verdad. Bueno, gracias, señora Ramos. Ud. me ha ayudado mucho.

Diálogo N°7. *(Carolina les explica a los estudiantes quién fue el asesino y cómo cometió el crimen.)*

CAROLINA: Entonces, ¿quién es el asesino? Si piensas que fue Pepe, tienes razón. Pepe tenía celos de su hermano, lo odiaba porque no quería darle dinero y era muy arrogante con él. Pepe encontró a su hermano dormido sobre el escritorio. Sacó un palo con dos clavos pequeños. Puso veneno en la punta de los clavos y los hincó en la mano de su hermano para simular la mordedura de una serpiente. Luego, sacó la serpiente coral de su jaula y rompió la jaula para hacer pensar que se había salido sola. Pero ¿cuál fue el error de Pepe? Lo que Pepe no sabía es que la serpiente coral no tiene colmillos y que por eso no puede morder a nadie. Como no sabía mucho de serpientes, Pepe rompió la jaula equivocada. Ahora, por el crimen que cometió, Pepe irá a la cárcel, donde pasará el resto de su vida en otro tipo de jaula.

Preguntas y respuestas

A. *¿Qué clase de tienda es y qué pasa con el dueño, el señor Ramos?*
   - Estamos en su tienda de animales exóticos. Parece que el Sr. Ramos está durmiendo encima de su escritorio. Él estaba leyendo su correspondencia cuando se durmió, o se enfermó, o se murió. Todavía no sabemos qué fue lo que pasó.

B. *Escucha el diálogo Nº1. ¿Cómo estaba la tienda cuando Carolina entró y por qué pensaba que algo extraño pasó?*
   - El Sr. Ramos estaba dormido sobre su escritorio. Una de las jaulas de la sección de las serpientes estaba rota. La serpiente coral que estaba en esa jaula se había escapado.

C. *Mira bien la escena, sobre todo el cuerpo del señor y la jaula de la derecha. ¿Cómo murió el Sr. Ramos? ¿Cómo se escapó la serpiente?*
   - Parece que el señor murió a causa de la mordedura de una culebra venenosa. Hay dos picaduras en su mano derecha. Pero también podría ser un asesinato. Se ve que alguien rompió la jaula de la serpiente porque los pedazos de vidrio están adentro de la jaula. Entonces, la culebra no se escapó sola sino que alguien la sacó de su jaula.

D. *Escucha el diálogo Nº2 en el que Carolina habla con el policía. ¿Qué averiguó ella?*
   - Según el policía, el Sr. Ramos murió envenenado a causa de la mordedura de una serpiente. Tenía dos pequeños agujeros en la mano.
   - Carolina le dijo que quería asegurarse de una cosa y se despidió.

E. *Escucha el diálogo Nº3. ¿Qué información recibió Carolina de su profesor de zoología?*
   - Esta serpiente es una culebra coral, o coralillo, que no puede morder a nadie porque no tiene colmillos. Las heridas en la mano de la víctima deberían haber sido hechas por una culebra venenosa con colmillos, ¿verdad?

F. *Entonces, ¿cómo murió el Sr. Ramos? Mira bien la escena del crimen.*
   - El asesino lo mató con el veneno del frasco que estaba en el bolso del Sr. Ramos. Cogió un palo que tenía dos clavos, puso el veneno en los clavos y los hincó en la mano del Sr. Ramos para simular una mordedura de culebra.

G. *Carolina habló con tres personas que conocían al señor Ramos. Tal vez una de estas personas sea el asesino.*

1. *Escucha el diálogo Nº4. ¿El Sr. Ramos fue asesinado por la pandilla del barrio?*
   - Sobre su escritorio hay una carta de la pandilla del barrio que dice: "No olvide el dinero que nos debe". La Sra. Ortiz no pensaba que la pandilla quería matarlo porque a los jóvenes les gustaban mucho las serpientes.

2. *Escucha el diálogo Nº5. ¿Qué le dijo Pepe a Carolina?*
   - Pepe le dijo que su hermano era muy arrogante con él. Aunque no sabía mucho de animales exóticos, había ido a verlo para ofrecerle su ayuda, pero su hermano lo rechazó sin ninguna explicación. Dijo también que sólo había estado en la tienda una vez.

3. *Escucha el diálogo Nº6. ¿Qué le dijo a Carolina la esposa de la víctima?*
   - Carolina encuentra muy interesante lo que le dijo la esposa del señor Ramos, quien parece ser una persona sensible e inteligente. Ella le dijo que había problemas entre el propietario y su esposo y pensaba que el propietario podía ser el asesino. Dijo también que Pepe estaba enojado con el Sr. Ramos porque éste no le dio el dinero. Sin embargo, Pepe no mencionó lo del dinero, sólo dijo que había hablado con su hermano para pedirle empleo. Pepe dijo también que sólo había estado en la tienda de su hermano una vez.

H. *Ahora tienes bastante información para descubrir la identidad del asesino. Según tú, ¿quién es y por qué? Si no lo sabes, la explicación está a continuación.*

I. *Ahora escucha el diálogo Nº7 para saber si tenías razón. Carolina te va a explicar cómo descubrió quién fue el asesino. ¡Escucha bien!*
   - El asesino fue Pepe, que estaba muy enojado con el Sr. Ramos. Pepe necesitaba dinero para pagar unas deudas urgentemente y su hermano no se lo dio. Por eso decidió matarlo. ¿Cómo lo mató? Pepe aprovechó que el Sr. Ramos estaba dormido sobre su escritorio, cogió un palo con dos clavos pequeños en la punta, puso veneno en los clavos y los hincó en la mano del Sr. Ramos para simular la mordedura de una culebra (el veneno lo sacó del frasco que estaba en el bolso del Sr. Ramos). Pepe no sabía que la serpiente coral no tiene colmillos y por eso no puede matar a nadie. ¡Qué tonto! ¿No?

Capítulo 6

El anillo de diamantes perdido

Los diálogos de Carolina

Amelia Presto es la señora más rica de la ciudad. Se encuentra en una boda con su marido y su guardaespaldas, Pablo Ruiz. Carolina está en la fiesta acompañando a Juan, el hijo de la Sra. Presto.

Diálogo N°1. *(Es la hora de comer y todo el mundo está disfrutando de la exquisita comida de la fiesta.)*

SR. PRESTO: Amelia, ¿cómo está tu comida? ¡Este jugo de piña está delicioso! ¡Me encanta!

SRA. PRESTO: Se ve, Manuel. Es tu tercero, ¿no? Esta langosta está muy sabrosa pero es un poco difícil de comer. Me molesta este anillo y no quiero que se me pierda luchando con esta bestia. Hazme el favor de ponerlo en mi cartera. *(Ella le da a Manuel su anillo.)*

SR. PRESTO: Por supuesto, querida. *(Abre la cartera de su esposa y mete el anillo.)* Dime, querida, ¿y qué tal tu nuevo guardaespaldas? ¿Te parece más guapo que el anterior?

SRA. PRESTO: ¡No empieces otra vez, Manuel! Sabes muy bien que yo necesito un guardaespaldas para proteger mis joyas.

SR. PRESTO: Sí, ¿pero por qué tienes que emplear a ese bruto?

SRA. PRESTO: No discutas más, Manuel. Ven, tengo ganas de bailar.

SR. PRESTO: Pues yo no. Prefiero quedarme aquí.

SRA. PRESTO: Como quieras. Entonces bailaré con Pablo.

SR. PRESTO: Ve. Yo me quedo con mi jugo de piña.

Diálogo N°2. *(El Sr. Presto sigue conversando con Carolina.)*

SR. PRESTO: Como te decía, Carolina, tengo que dejar estos malditos cigarrillos. Fumé el último cigarrillo de mi esposa aunque no me gusta la marca que ella fuma. *(Tose.)* ¡Ajjj! Esta tos me está matando.

CAROLINA: Sí, lo mejor es no fumar. Mi padre dejó de fumar hace dos años y nunca lo echó de menos. Ahora él dice que tiene más energías, gana más dinero que nunca y goza de buena salud.

Sr. Presto: Ajá, eso me interesa mucho, Carolina. Trabajar no me gusta nada, pero el dinero es otra cosa. *(Se ríe. En ese momento, Pablo, el guardaespaldas, se acerca a la mesa.)*

Pablo: Disculpe, señor. La señora me pidió que le llevara sus cigarrillos.

Sr. Presto: Están en su cartera.

Pablo: *(Busca en la cartera de la señora.)* No los encuentro, señor.

Sr. Presto: Ah, se me olvidó. Acabo de fumarme el último.

Pablo: Bueno, se lo diré a la señora. Con permiso.

Diálogo N°3. *(La señora Presto acaba de descubrir algo terrible.)*

Sra. Presto: ¡Ay, madre de Dios! ¿Dónde está mi anillo de diamantes? Manuel, lo pusiste en mi cartera, ¿verdad?

Sr. Presto: Por supuesto, Amelia. ¿Qué, no está allí? ¿Cómo puede ser?

Sra. Presto: No sé... ¡Tal vez alguien se lo robó!

Sr. Presto: Déjame pensar... ¡Espera! Vi a ese mesero limpiando la mesa. Tal vez él sepa algo.

Sra. Presto: Señor, venga aquí, por favor. *(El mesero se acerca.)* ¿Ud. limpió esta mesa?

El mesero: Lo siento, señora, no tuve tiempo para hacerlo. Voy a limpiarla enseguida.

Sr. Presto: ¡Qué extraño! Estaba seguro de que él había limpiado la mesa.

Carolina: Pero, señor, mire cómo está la mesa. Es obvio que no la limpió.

Diálogo N°4. *(El Sr. Presto sigue tratando de descubrir quién es el ladrón.)*

Sr. Presto: Bueno, me disgusta decirlo, pero el ladrón tienes que ser tú, Pablo. Amelia, ¿te acuerdas que tú le pediste que te llevara tus cigarrillos? Pablo vino a la mesa y abrió tu cartera. Tuvo tiempo suficiente como para coger tu anillo.

Pablo: Yo no soy un ladrón. Yo no me llevé nada. Además, cuando busqué los cigarrillos no había ningún anillo en la cartera.

Sra. Presto: Pero si Pablo no lo cogió, ¿quién lo hizo?

Sr. Presto: Entonces tiene que ser el mesero.

Juan: Pero, ¿cómo pudo ser el mesero si todavía no limpió la mesa?

Sr. Presto: ¿Y a ti quién te preguntó?

Sra. Presto: Manuel, ¡No le hables así a mi hijo!

Diálogo N°5. *(Juan se levanta de la mesa molesto y se va. Carolina lo sigue.)*

Carolina: Juan, no te sientas mal...

JUAN: Es que siempre pasa lo mismo. Ese hombre no me quiere y creo que a mi mamá tampoco. Él trabajaba de mago en un circo, pero desde que se casó con mi mamá ya no trabaja. Creo que se casó con ella sólo por su dinero.

CAROLINA: Ven, Juan, volvamos a la mesa. Ya sé quién es el ladrón, pero todavía no sé dónde escondió el anillo.

Diálogo Nº6. *(Juan y Carolina regresan a la mesa. El mesero está recogiendo la mesa.)*

SRA. PRESTO: Juan, Carolina... mi anillo no aparece por ninguna parte.

CAROLINA: No se preocupe, señora. Ahora va a aparecer... como por arte de magia... ¿No es verdad, Sr. Presto?

SR. PRESTO: ¿Qué quieres decir, Carolina? No te entiendo.

CAROLINA: Sr. Presto, Ud. dijo que fumó el último cigarrillo de su esposa... y los cigarrillos estaban en la cartera...

SR. PRESTO: ¿Qué insinúas? ¿Que yo me llevé el anillo? Esta chica está loca. Si no me creen, busquen en mis bolsillos.

CAROLINA: Luego vino el Sr. Pablo a buscar los cigarrillos de la señora y usted no le dijo que se había fumado el último para que él buscara en la cartera. *(El Sr. Presto ve que el mesero se está llevando su copa.)*

SR. PRESTO: ¡Deje esa copa! ¿No ve que está llena?

EL MESERO: Disculpe, señor. Pensé que ya no la quería.

CAROLINA: Claro, su jugo de piña... Hace más de una hora que Ud. no bebe nada. Tómeselo.

SR. PRESTO: En un momento...

SRA. PRESTO: Me lo voy a tomar yo, estoy tan nerviosa... *(La Sra. Presto coge la copa y está a punto de tomarse el jugo.)*

SR. PRESTO: ¡No te lo tomes! ¡Dámelo!

SRA. PRESTO: ¿Por qué?

CAROLINA: Porque el anillo está dentro de la copa. El Sr. Presto lo puso allí.

SRA. PRESTO: ¿Es eso cierto, Manuel?

SR. PRESTO: ¡Por supuesto que no! Si el anillo está en la copa, entonces fue Pablo quien lo puso allí. Yo no.

CAROLINA: Fue Ud., Sr. Presto. El Sr. Pablo no es mago...Y usted sí lo es. Por eso pudo sacar el anillo de la cartera y ponerlo en la copa delante de nuestros ojos sin que nos diésemos cuenta.

SRA. PRESTO: Pablo, llame a la policía. *(Pausa.)* Manuel, ahora vamos a ver de qué te sirve tu magia... Gracias, Carolina, eres una gran detective.

Preguntas y respuestas

Amelia Presto es la señora más rica de la ciudad. Se encuentra en una boda con su marido y su guardaespaldas, Pablo Ruiz. Carolina está en la fiesta acompañando a Juan, el hijo de la Sra. Presto.

A. *Hay un dibujo de dos partes de la fiesta. ¿Qué te parece la primera parte?*
- Hay cinco personas sentadas a una mesa, están sonriendo y parecen muy contentas. La mesa está llena de buena comida. Se ve de izquierda a derecha al mesero, al Sr. Pablo Ruiz, a Juan, Carolina, y el Sr. y la Sra. Presto.
- Es obvio que la Sra. Presto es muy rica porque tiene un enorme anillo de diamantes en el dedo de la mano izquierda.

B. *Escucha el diálogo N°1. ¿Qué quería hacer la Sra. Presto?*
- Ella y su esposo estaban disfrutando la exquisita comida de la fiesta. A él le encanta el jugo de piña, que está delicioso, y a ella le gusta la langosta. La señora le pidió a su esposo que pusiera su anillo de diamantes en su cartera porque temía perderlo y él lo hizo.
- El Sr. Presto no estaba contento con el hecho de que su esposa empleó al Sr. Ruiz como guardaespaldas. Él piensa que Pablo es un bruto. La señora Presto dijo que necesitaba un guardaespaldas porque tenía miedo de que alguien pudiera robarle sus costosas joyas.
- El Sr. Presto no quería bailar con su esposa. Parece que estaba de mal humor. Entonces, ella fue a bailar con Pablo, su guardaespaldas.

C. *Escucha el diálogo N°2. El Sr. Presto siguió hablando con Carolina, y Pablo, el guardaespaldas, fue a buscar algo para la Sra. Presto. ¿Qué pasó?*
- La señora le pidió a su guardaespaldas que le trajera sus cigarrillos. Cuando Pablo llegó a la mesa, el señor estaba tosiendo y se quejaba del daño que causan los cigarrillos. Le dijo a Carolina que tenía que dejar de fumar y que acababa de fumarse el último cigarrillo de su esposa, aunque no le gustaba la marca que ella fuma. Dijo que los cigarrillos estaban en la cartera de su esposa. Carolina le contestó que su padre dejó de fumar hace dos años sin muchos problemas.
- Pablo buscó los cigarrillos en la cartera de la señora. ¡Qué raro que el señor Presto no le dijo que se habían terminado!

D. *Ahora mira la segunda parte del dibujo. ¿Qué ves?*

- Ahora la mesa está completamente en desorden: hay platos, vasos, cáscaras de langostas, servilletas y utensilios por todas partes.

- La señora Presto está mirando en su cartera y parece sorprendida. Todo el mundo le presta atención.

E. *Escucha el diálogo N°3. ¿Qué descubrió la Sra. Presto? ¿Por qué pensó Carolina que el mesero no era culpable?*

- La señora Presto regresó de bailar y descubrió que su anillo de diamantes no estaba en su cartera. Estaba muy molesta y le preguntó a su esposo qué fue lo que pasó.

- El señor Presto acusó al mesero. Dijo que el mesero había estado limpiando la mesa y que, tal vez, él cogió el anillo. Pero el mesero contestó que no había limpiado esa mesa. Carolina estaba de acuerdo. Era obvio que el mesero no había recogido la mesa porque estaba todo en desorden.

F. *Escucha el diálogo N°4. El Sr. Presto sigue tratando de descubrir quién es el ladrón.*

- El señor Presto acusó a Pablo de ser el ladrón porque él vino a la mesa a buscar los cigarrillos de la Sra. Presto. Dijo que Pablo abrió la cartera y buscó adentro.

- Pablo dijo que él no era un ladrón y que no había ningún anillo en la cartera. Entonces, el Sr. Presto acusó al mesero, pero Juan le recordó que no podía ser el mesero porque todavía no había limpiado la mesa.

- El Sr. Presto le habló a Juan de forma muy fea y su esposa le dijo que no le hablara así a su hijo.

G. *Escucha el diálogo N° 5. Aquí Juan le contó a Carolina muchas cosas interesantes sobre el Sr. Presto.*

- Juan dijo que el Sr. Presto no lo quería, que tampoco quería a su mamá y que se había casado con ella sólo por su dinero. Dijo también que antes trabajaba de mago en un circo y que desde que se casó con su mamá ya no trabajaba.

- Carolina le dijo que regresaran a la mesa. Ella ya sabía quién era el ladrón, pero no sabía dónde había escondido el anillo.

H. *¿Ya sabes quién es el ladrón? ¿Sabes dónde está el anillo? Mira bien el dibujo. ¿Ves algo que llame tu atención? Si no ves nada, escucha el diálogo Nº6.*

- Hay un objeto sobre la mesa que siempre está igual y en el mismo sitio en los dos dibujos. ¿Sabes cuál es?
- En el diálogo el mesero vino a recoger la mesa y a llevarse el jugo de piña que el Sr. Presto no había bebido. Pero el señor Presto le prohibió que lo tocara. Carolina le dijo al señor Presto que se tomara el jugo y él contestó que lo haría en un momento.
- La Sra. Presto estaba nerviosa y quería tomarse el jugo, pero su esposo le dijo que no se lo tomara. Ella preguntó por qué y Carolina dijo que era porque el Sr. Presto sabía que el anillo estaba dentro de la copa. Según Carolina, él lo puso allí.
- El Sr. Presto dijo que era inocente y acusó otra vez a Pablo. Pero Carolina contestó que el ladrón era el Sr. Presto. Él era mago y fácilmente pudo poner el anillo en la copa sin que nadie se diese cuenta.
- La Sra. Presto le pidió a Pablo que llamase a la policía, le dio las gracias a Carolina y le dijo que era una gran detective.
- Parece que el Sr. Presto hará su próximo truco en la cárcel.

Capítulo 7

La muerte del presidente de la compañía

⌢ Los diálogos de Carolina

Diálogo N°1. *(Carolina habla con Blanca Figueroa, la secretaria del Sr. García.)*

CAROLINA: Buenos días, señora. Soy Carolina Cisneros, la ahijada del Sr. García.

BLANCA: ¡Carolina, hola! He oído mucho de ti. Encantada de conocerte.

CAROLINA: Me enteré por la radio de que el Sr. García ha sido asesinado y estoy muy triste a causa de su muerte. ¿Qué fue lo que pasó?

BLANCA: Pues ayer trabajamos todo el día como siempre y yo me fui de la oficina a las cinco. El Sr. García se quedó para revisar unos papeles. Eso es todo lo que sé.

CAROLINA: ¿Se quedó solo o con alguien?

BLANCA: Cuando me fui sólo quedaban él y Cristina Villa, la recepcionista.

CAROLINA: Entonces la última vez que usted lo vio fue a las cinco...

BLANCA: Así es. Yo me fui a mi casa, cené con mi esposo y nos acostamos a eso de las diez y media. Y hoy en la mañana me enteré por la radio de que el Sr. García había sido asesinado. No me lo explico. Él era un hombre tan honrado y tan generoso...

CAROLINA: ¿Ya saben quién lo mató?

BLANCA: La policía sospecha de Cristina, la recepcionista. Encontraron su tijera clavada en la espalda del Sr. García.

CAROLINA: ¿Tenía ella motivos para matarlo?

BLANCA: Quién sabe. La semana pasada yo la oí discutiendo con el Sr. García. Él le dijo que iba a despedirla. Parece que Cristina se estaba llevando unos documentos confidenciales relacionados con un nuevo producto de la compañía y el Sr. García la descubrió.

CAROLINA: Bueno, ése puede ser un buen motivo para matar a alguien, ¿verdad?

BLANCA: Pues, sí... Escucha, si hablas con Cristina, no te olvides de preguntarle sobre su arete que se le perdió.

CAROLINA: No comprendo.

BLANCA: Pregúntaselo y comprenderás. Lo siento, pero ahora tengo que irme. Ha sido un placer hablar contigo. Adiós.

Diálogo Nº2. *(Carolina habla con la recepcionista, la Srta. Villa.)*

CAROLINA: Buenas tardes, señorita. Me llamo Carolina Cisneros. Soy la ahijada del Sr. García. Me gustaría hacerle algunas preguntas.

SRTA. VILLA: Cómo no, pero la policía ya me preguntó mucho. Acabo de pasar dos horas en la estación y estoy muy nerviosa. ¡Imagínese, el asesino lo mató con mi tijera! Ahora todo el mundo piensa que yo lo maté, pero le aseguro que soy inocente.

CAROLINA: ¿Puede probarlo?

SRTA. VILLA: Ése es el problema. Ayer yo me fui de la oficina a las seis. El Sr. García se quedó trabajando.

CAROLINA: ¿Y qué hizo Ud.?

SRTA. VILLA: Después del trabajo me fui de compras al centro y pasé la noche sola en mi apartamento.

CAROLINA: ¿Y tiene algún testigo que pueda probar dónde estaba?

SRTA. VILLA: No. Y para mayor desgracia, encontraron mi arete de plata en el escritorio del Sr. García. Se me perdió hace una semana y no sé cómo llegó allí.

CAROLINA: ¿Es verdad que Ud. tuvo una discusión con el Sr. García?

SRTA. VILLA: Sí, fue el mismo día que se me perdió el arete. Pero fue una discusión sin mayor importancia.

CAROLINA: ¿A Ud. no le parece importante el hecho de que se estaba llevando documentos confidenciales de la compañía?

SRTA. VILLA: ¿Qué dice?, ¿documentos confidenciales? ¿Yo? ¿Quién le contó eso?

CAROLINA: Lo siento, pero no puedo decírselo.

SRTA. VILLA: Pues sepa Ud. que eso es una mentira muy fea. Yo jamás haría una cosa igual. A mí me encanta trabajar aquí y le tenía mucho respeto y aprecio al Sr. García.

CAROLINA: Bueno, es todo lo que quería saber. Gracias, señorita. Adiós.

Diálogo Nº3. *(Carolina llama por teléfono al esposo de la Sra. Figueroa.)*

CAROLINA: Buenas tardes, señor Figueroa. Le habla Carolina Cisneros. Estoy investigando el asesinato del Sr. García y su esposa me dijo que podía hablar con Ud.

SR. FIGUEROA: Ah, buenas tardes, Carolina. Sí, Blanca me habló de ti.

CAROLINA: ¿Puede usted contarme lo que hicieron anoche?

SR. FIGUEROA: Claro que sí. Yo regresé a casa a las cinco y media. Blanca me estaba esperando para cenar. Cenamos hasta las siete y cuarto y después me fui al cine a...

CAROLINA: ¿Dijo Ud. al cine?

SR. FIGUEROA: Sí. Fui a ver "La casa azul", una película sobre la vida de la pintora mexicana Frida Kahlo. Es bastante interesante. Muestra todo lo que sufrió a causa de...

CAROLINA: Perdóneme que lo interrumpa, Sr. Figueroa, pero... dígame... ¿Fue Ud. con su esposa?

SR. FIGUEROA: No. Mi esposa se sentía cansada y prefirió quedarse en casa.

CAROLINA: ¿Y a qué hora fue Ud. al cine?

SR. FIGUEROA: Salí a las siete y cuarto; la película comenzaba a las siete y media. Pero... ¿Por qué me haces estas preguntas?

CAROLINA: No, por nada. Simple curiosidad. ¿Puedo hacerle una última pregunta?

SR. FIGUEROA: Si es la última, sí. Estoy muy ocupado...

CAROLINA: ¿A qué hora regresó Ud. a casa?

SR. FIGUEROA: A eso de las once y me...

CAROLINA: Es todo lo que deseo saber. Gracias, señor Figueroa. Adiós.

Diálogo N°4. *(Carolina llama por teléfono a la Sra. Figueroa.)*

CAROLINA: Señora, acabo de hablar con su esposo. Ahora veo que no fue la Srta. Villa quien mató al señor García. Fue Ud., ¿verdad?

BLANCA: ¡Claro que no! ¿Estás loca? Yo salí de la oficina a las cinco y no volví. Cenamos y después nos acostamos a las diez y media. ¡Mira, todo esto ya te lo dije y no voy a decirte más!

CAROLINA: ¿Cómo? ¿No quiere Ud. hablar de aquella famosa reserva de dinero? ¿O prefiere que hablemos de la mentira que me dijo su esposo?

BLANCA: ¿De qué me estás hablando? ¿Qué sabes tú de lo que pasó?

CAROLINA: Lo sé todo y la policía lo sabe todo también. Los llamé hace cinco minutos para ponerlos al tanto de la verdad. Espérelos allí en su casa. Llegarán en unos minutos. Adiós, Sra. Figueroa.

Preguntas y respuestas

Anoche, Carolina Cisneros se enteró de que el Sr. García, presidente de la compañía Unimundo, fue encontrado muerto en su oficina. Parece que alguien lo mató clavándole una tijera en la espalda. El médico dijo que murió a las siete de la noche. El Sr. García era el padrino de Carolina y cuando ella vio su foto en el periódico, fue a su oficina para investigar.

A. *Mira bien el dibujo que representa la foto del periódico. ¿Qué vio Carolina? ¿Qué significa la puerta abierta?*

- Vio al Sr. García apoyado sobre su escritorio con una tijera clavada en la espalda. Parece que el asesino se acercó a él por detrás y lo mató.

- En la foto se ve la puerta abierta de la oficina. Nos indica que tal vez el señor García conocía al asesino.

- Encima de la mesa hay un arete de plata, varios documentos y un periódico.

B. *Escucha el diálogo N°1. Carolina habla con Blanca Figueroa, la secretaria de su padrino. ¿Qué le contó Blanca?*

- Carolina se enteró de que Blanca terminó su trabajo a las cinco y se fue a su casa y que el señor García siguió trabajando. Blanca cenó, se acostó a las diez y media y pasó la noche con su esposo. Hoy por la mañana, ella escuchó por la radio la noticia de la muerte del señor García.

- Blanca dijo que posiblemente el asesino era la Srta. Villa. Sospechaban de ella porque el señor García había sido asesinado con su tijera. Además, una semana antes había tenido una discusión con el Sr. García acerca de unos documentos importantes que habían desaparecido.

- Al final de la conversación Blanca le pidió a Carolina que le preguntara a Cristina Villa sobre el arete que se le había perdido, pero no le explicó por qué. Es curioso, ¿verdad?

C. *Escucha el diálogo N°2. Carolina habla con la Srta. Cristina Villa, la recepcionista. ¿Qué le dijo la Srta. Villa?*

- Carolina se enteró de que la Srta. Villa salió de la oficina a las seis y que dejó a su jefe trabajando. Fue de compras y pasó la noche en su apartamento, sola y sin testigos.

- La recepcionista estaba muy nerviosa porque la policía pensaba que ella había empleado su tijera para matar al Sr. García. Además, la policía encontró su arete de plata en el escritorio del muerto. Era el mismo arete que había perdido hace una semana, el día de la discusión con su jefe.

- La señorita le dijo a Carolina que la discusión no fue tan seria y que no tenía mayor importancia. A ella le gustaba su trabajo y sentía respeto y aprecio por el Sr. García.
- Carolina le preguntó si ella se robó algunos documentos y Cristina le contestó que no.

D. *Mira otra vez el dibujo. ¿Qué significa el libro con la reserva de dinero?*

- Hay una cuenta que nos indica que la Sra. Figueroa sacó dinero de la reserva sin el permiso del Sr. García. Sacó $50.000. Parece que el Sr. García se enteró del robo ayer por la tarde.

E. *Escucha el diálogo N°3. Carolina llama por teléfono al esposo de la Sra. Figueroa. ¿Qué información recibió ella?*

- El señor Figueroa le dijo que cenó con su esposa hasta las siete y cuarto y que luego se fue al cine a ver la película "La casa azul". Dijo que fue al cine solo porque su esposa estaba un poco cansada.
- Le dijo que la película empezó a las siete y media y que regresó a casa a eso de las once.

F. *Mira el dibujo. ¿Dijo la verdad el señor Figueroa?*

- En el periódico que está sobre la mesa hay un anuncio de la película "La casa azul". Dice que la película empieza a las seis y media.
- ¿El señor Figueroa mintió o sencillamente se confundió con la hora?

G. *Escucha el diálogo N°4. Carolina llama por teléfono a la Sra. Figueroa. ¿Qué le dijo Carolina?*

- Carolina le dijo que la Srta. Villa no había matado al Sr. García. Que la asesina era ella, la Sra. Figueroa.
- La Sra. Figueroa le preguntó si estaba loca y no quiso decirle más.
- Carolina le preguntó si quería hablar de la reserva de dinero o de la mentira que dijo su esposo.
- Carolina llamó a la policía para ponerlos al tanto de la verdad.
- La policía llegará pronto a la casa de la Sra. Figueroa.

H. *¿Por qué pensaba Carolina que la Sra. Figueroa era la asesina? ¿Qué pruebas tenía?*

- El esposo de la Sra. Figueroa mintió cuando dijo que estaba con su esposa anoche a las siete y cuarto porque él fue al cine y la película comenzó a las seis y media. El Sr. García fue asesinado a las siete.

- La cuenta de la reserva de dinero nos muestra que la Sra. Figueroa sacó $50.000 sin el permiso del Sr. García. ¡Parece que él se enteró de esto el día que fue asesinado!

- La Srta. Villa perdió su arete el mismo día que tuvo la discusión con su jefe. Una semana más tarde encontraron el arete sobre el escritorio del Sr. García junto a su cuerpo. Tal vez la Sra. Figueroa escuchó la discusión, le robó el arete a Cristina y lo puso sobre el escritorio del Sr. García para hacer creer que la Srta. Villa lo mató. ¡Es la única explicación!

- ¿Crees que la Srta. Villa iba a matarlo con su tijera y que iba a dejar uno de sus aretes sobre el escritorio? ¿Verdad que no? Entonces, es obvio que la Sra. Figueroa mató al Sr. García.

Capítulo 8

El amor secreto

⌒ Los diálogos de Carolina

Diálogo N°1. *(Carolina está charlando con Chiqui junto a la puerta del salón de clases.)*

CAROLINA: Mira, Chiqui, allí están otra vez tus tres "caballeros" junto a tu pupitre. Y tu pupitre, como siempre, lleno de regalos. Oye, ¿cuántos admiradores tienes?

CHIQUI: No sé. Esta mañana recibí tres regalos maravillosos. Primero me trajeron esta caja de chocolates durante la clase de inglés. Después, llegaron las flores durante la clase de biología. Ninguno de los dos regalos tenía tarjeta. No sé quién me los envió, pero me los dio el mismo mensajero.

CAROLINA: ¿Te dio vergüenza cuando te dieron los regalos?

CHIQUI: Por supuesto. Toda la clase me miró y la Sra. Núñez me preguntó qué pasaba. Me puse roja como un tomate y no supe qué contestar.

CAROLINA: ¿Y el tercer regalo?

CHIQUI: El tercer regalo fue una carta.

CAROLINA: ¿Cuándo te llegó?

CHIQUI: Eso fue lo más raro. El timbre sonó al final de la clase. Yo abrí mi pupitre para sacar mis libros y adentro estaba la carta. El sobre decía "el tercer regalo" y en la carta un muchacho me declaraba su amor. Es una carta romántica y muy bien escrita. Ahhh, me gustaría saber quién la escribió.

CAROLINA: Si en el sobre puso "el tercer regalo", eso quiere decir que él sabía de los otros dos. Por lo tanto, yo creo que fue el mismo chico quien te mandó los tres regalos.

CHIQUI: ¡Claro, tienes razón! ¡Qué inteligente eres, Carolina! ¿Sabes? Tengo un presentimiento.

CAROLINA: ¿Qué?

CHIQUI: ¡Vas a reírte! Mejor no te digo nada.

CAROLINA: Dímelo, no seas mala. Te prometo que no me voy a reír.

CHIQUI: Bueno... Creo que hoy por fin voy a conocer a mi amor secreto.

CAROLINA: ¿Y cómo piensas lograr eso?

CHIQUI: Tú me vas a ayudar a descubrir quién es. ¿Quieres?

CAROLINA: Por supuesto. A mí me encantan los misterios.

Diálogo N°2. *(Las dos chicas siguen hablando del misterio. Los chicos todavía están junto al pupitre.)*

CAROLINA: ¿Será uno de ellos tu "amor secreto"? Vamos a observarlos bien, tal vez descubramos algo.

CHIQUI: Los tres son buenos amigos y casi siempre están juntos. Andrés es el más guapo de la clase y muy deportista. Él trató de impresionarme el otoño pasado. ¡Es muy hablador y un poco egocéntrico!

CAROLINA: Sí, y Pablo, el gordito, tiene un buen sentido del humor, ¿verdad? Es un chico muy simpático.

CHIQUI: ¿Tú crees que él sea mi amor secreto?

CAROLINA: Todavía no estoy completamente segura, pero me parece que no.

CHIQUI: ¿Por qué no?

CAROLINA: Te lo diré después. Ven, sigamos con nuestra investigación.

Diálogo N°3. *(Chiqui y Carolina entran a la clase a charlar con los chicos.)*

CAROLINA: ¡Hola! ¿Qué tal? ¿Cómo están?

CHIQUI: Chicos, ¿qué hacen en mi pupitre?

PABLO: Estamos mirando tus regalos. Son de tu admirador secreto, ¿no es cierto? Sabe que te gustan los chocolates. Están bien ricos. Con permiso, ¿puedo comer otro? *(Pablo coge otro chocolate.)*

CHIQUI: ¿Son sabrosos, verdad, Pablo? Y a ti, Andrés, ¿te gustan mis flores?

ANDRÉS: Sí, las rosas son muy bonitas y muy caras también.

MIGUEL: ¡Se ve que no sabes nada de flores, Andrés! Éstas no son rosas sino orquídeas colombianas. Son flores tropicales que necesitan un ambiente húmedo y fresco, como las chicas bonitas.

CHIQUI: ¡Miguel, cuánto sabes de flores!

MIGUEL: Es que mi padre tiene una florería y a menudo trabajo para él.

CHIQUI: Me puso muy contenta recibir estas flores tan bonitas. ¡Qué ramo tan hermoso! Me gustaría conocer a la persona que me las mandó para darle las gracias. Bueno, tengo que irme. ¿Vamos, Carolina?

Diálogo N°4. *(Chiqui y Carolina salen y entran al salón donde tienen su próxima clase.)*

CAROLINA: Me parece que ya sé el nombre de tu amigo secreto.

CHIQUI: ¿De veras? ¿Quién es? Dime.

CAROLINA: Calma, chica. Todo a su debido tiempo. ¿No quieres saber cómo lo descubrí?

CHIQUI: Bueno... pero por favor no la hagas muy larga.

CAROLINA: Mientras tú estabas hablando con ellos, yo miré la carta y noté algo curioso.

CHIQUI: ¿Qué notaste?

CAROLINA: Que la carta había sido escrita por un zurdo.

CHIQUI: ¿Por un zurdo? ¿Y cómo supiste eso?

CAROLINA: Muy fácil. Por la forma y la inclinación de las letras.

CHIQUI: Entiendo. Pero... ¿quién de los tres es zurdo?

CAROLINA: Si fueras una detective, lo sabrías.

Preguntas y respuestas

Carolina está charlando con Chiqui Belleza, una amiga del colegio Simón Bolívar. Chiqui es la muchacha más bonita de su clase, pero ella es bastante modesta, buena estudiante y tiene un buen sentido del humor. Ellas están a punto de entrar a la clase y ven a tres muchachos que están alrededor del pupitre de Chiqui. (Parece que los chicos no ven a las chicas.)

A. *¿Qué hay en el pupitre?*
   - Hay una caja de chocolates abierta y alguien se ha comido casi todos los chocolates.
   - Hay unas flores exóticas en un florero encima del pupitre.
   - Hay una carta de amor sobre el pupitre. No podemos leer lo que está escrito, pero la letra no es común. Al final, se pueden leer unas frases: "...tú eres el sol de mi vida y cuando no estás me quedo en la oscuridad. Te amo, te adoro, te quiero. Sin ti, no puedo vivir."

B. *Escucha el diálogo N°1 entre Carolina y Chiqui. ¿De qué nos enteramos por el diálogo?*
   - Ella recibió la caja de chocolates en la clase de inglés y las flores llegaron durante la clase de biología por medio del mismo mensajero.
   - El tercer regalo fue la carta de amor anónima que estaba en su pupitre.
   - Chiqui cree que uno de los tres muchachos que están junto a su pupitre es su amor secreto.
   - Chiqui dice que tiene el presentimiento de que hoy va a conocer a su amor secreto.
   - Carolina le dice que ella la ayudará a descubrir el misterio.

C. *Escucha el diálogo N°2. ¿Quiénes son Andrés y Pablo?*
   - Andrés es el muchacho deportista y egocéntrico que trató de impresionar a Chiqui el otoño pasado.
   - Pablo es un chico muy simpático, con un buen sentido del humor. Pero él no puede ser el amor secreto. ¿Sabes por qué?

D. *Mira otra vez el dibujo. ¿A quién le interesa Chiqui?, ¿a Andrés, a Pablo o al tercer chico? ¿Por qué?*
   - A Chiqui no le interesaba Andrés porque lo encontraba hablador y egocéntrico.

- Pablo es un gordito muy divertido, pero no podía ser su amor secreto porque se estaba comiendo los chocolates.
- Todavía no sabemos nada acerca del tercer chico.

E. *En el diálogo N°3, las chicas charlaron con los tres muchachos y empezaron a descubrir la identidad del amor secreto. ¿Qué averiguaron ellas?*

- A Pablo le gustaban mucho los chocolates y continuaba comiéndoselos.
- Andrés no sabía nada de flores tropicales. Él pensaba que las rosas eran iguales a las orquídeas colombianas.
- Miguel, el tercer chico, conocía bien las flores exóticas porque él trabajaba mucho en la florería de su padre.

F. *Finalmente, las chicas descubren la identidad del amigo secreto. Escucha bien el diálogo N°4.*

- No puede ser Pablo, a quien le gustan demasiado los chocolates. Y no es Andrés, porque él no sabía nada sobre las orquídeas. Entonces, tiene que ser Miguel. Pero parece que la carta de amor fue escrita por una persona zurda, es decir, que escribe con la mano izquierda.
- No sabemos si Miguel es zurdo. ¡Pero sí lo sabremos si miramos el dibujo con atención!

G. *Mira bien el dibujo. ¿Quién es el amor secreto? ¿Por qué crees eso?*

- Cuando Chiqui recibió los tres regalos, ella no sabía la identidad de su amigo secreto. Sin embargo, Pablo comía demasiados chocolates para ser el amor secreto. Andrés no podía haber mandado las flores porque no sabía la diferencia entre una orquídea y una rosa. Entonces, tenía que ser una persona sensible e inteligente, que podía escribir una carta de amor. ¡Y tenía que escribirla con la mano izquierda! No hay duda de que el amor secreto es Miguel porque él lleva sus lápices en el bolsillo derecho de su camisa.

Capítulo 9

La carta amenazadora

⌒ Los diálogos de Carolina

Diálogo N°1. *(Carolina va al garaje donde trabajaba Juan para buscar claves sobre su muerte. Ella empieza a hablar con los otros mecánicos del garaje.)*

CAROLINA: ¡Buenos días, señores! Soy Carolina Cisneros, la amiga de Juan.

MECÁNICO 1: Buenas tardes, señorita. Juan nos habló de Ud. ¡Qué tragedia lo de su muerte! ¿No?

CAROLINA: Sí. ¿Uds. saben lo que ocurrió?

MECÁNICO 2: No, Carolina. Solamente sabemos que ayer Juan estaba un poco preocupado cuando salió del trabajo a eso de las ocho de la noche. Pero no nos dijo qué le pasaba.

CAROLINA: Cuando llegué al garaje encontré en su cajón unos boletos para el concierto del conjunto Los Besitos Inocentes. ¿Le gustaban a Juan los conciertos de rock?

MECÁNICO 3: Sí, le encantaban. Los Besitos Inocentes era su conjunto favorito. Él fue al concierto del 11 de julio con Cuchi LaBella, su novia.

CAROLINA: ¿Con Cuchi? ¿Mi compañera del colegio? ¿La hija del hombre más rico del pueblo?

MECÁNICO 2: Sí, señorita, la misma.

CAROLINA: Pero si ella sólo tiene quince años... ¿Cuántos años tenía Juan?

MECÁNICO 1: No sé, pero era mayor que ella. Por eso mucha gente no estaba de acuerdo con esa relación.

MECÁNICO 3: Además, ella era muy rica y Juan era un "simple" mecánico. Pero era un buen tipo, muy trabajador, sabía mucho de motocicletas. Él tenía una motocicleta muy buena y le gustaba correr. Nosotros siempre le decíamos que corría demasiado rápido.

CAROLINA: ¿Hace cuánto tiempo que trabajaba aquí?

MECÁNICO 2: Dos años.

CAROLINA: ¿Saben ustedes algo de esa carta que el Sr. LaBella le envió a Juan? Parece que estaba muy enojado...

MECÁNICO 3: Sí, pero Juan no lo tomó en serio. Es fácil decir: "¡Deje a mi hija en paz o ya verá las consecuencias!". Yo creo que fue una simple amenaza. ¿Cree Ud. que un hombre tan rico y tan importante como el Sr. LaBella va a ser tan tonto como para primero escribirle esa carta y después matarlo?

CAROLINA: Bueno, a veces los padres, en una situación así, reaccionan de forma muy extraña, ¿no? Otra pregunta, ¿conocen ustedes el carro del Sr. LaBella?

MECÁNICO 1: Sí, claro. Tiene un BMW rojo lindísimo. Siempre lo trae aquí para que se lo revisemos.

CAROLINA: Bueno, eso es todo, señores. Adiós y muchas gracias.

Diálogo N°2. *(Carolina fue a la casa de Paula, la amiga de Cuchi.)*

CAROLINA: Hola, Paula. ¿Ya te enteraste de la muerte de Juan?

PAULA: Sí... ¡qué tragedia! ¡Imagínate, sólo tenía veinte años!

CAROLINA: ¿Y cómo está Cuchi, muy triste?

PAULA: Sí, le ha afectado mucho. Juan era un buen muchacho... pero era una relación muy problemática. Su papá no quería que saliese con Juan.

CAROLINA: ¿Sabes dónde está Cuchi?

PAULA: Está con mi hermano Pedro.

CAROLINA: ¿Con Pedro?

PAULA: Sí. Pedro ha cambiado mucho desde hace unas semanas. ¿Te acuerdas que antes no le interesaban las chicas y sólo pasaba su tiempo arreglando su carro? Pues últimamente no para de hablar de Cuchi. Creo que está enamorado de ella. Es su primer gran amor. Pero parece que quiere mantenerlo en secreto.

CAROLINA: ¿Ése es el carro de Pedro?

PAULA: Sí.

CAROLINA: *(Se acerca a mirar el carro y lo observa cuidadosamente. Parece que ha descubierto algo.)* ¡Qué bonito! Es un Camaro, ¿no?

PAULA: Sí, y Pedro lo cuida como si fuera de oro.

CAROLINA: ¿Y dónde están ahora Cuchi y Pedro?

PAULA: Están en El Cono de Oro, esa heladería que está en el centro. ¿Por qué?

CAROLINA: Quiero hablar con ellos. Chau, Paula.

Diálogo N°3. *(Carolina entra a la heladería, va a la mesa donde están Cuchi y Pedro y se sienta con ellos.)*

CAROLINA: ¡Hola, amigos! ¡Qué casualidad encontrarlos aquí!

PEDRO: ¡Hola, Carolina! Estamos charlando sobre el accidente de Juan. ¡Qué cosa tan trágica! ¿No?

CAROLINA: ¡Terrible! No se sabe con quién chocó, ¿verdad?

Cuchi: No. ¿Puedes creer que la policía fue a ver a mi papá para preguntarle dónde estaba anoche a la hora del accidente? Y todo por la carta que le envió mi papá amenazándolo. Mi papá sólo quería asustarlo. Simplemente estaba muy enojado porque no quería que yo saliese con Juan. Mi papá no es un asesino. La policía inspeccionó su carro y no encontró señal de ningún choque. Además, el accidente fue de noche y mi papá no conduce de noche porque no ve bien en la oscuridad.

Carolina: ¿Cómo supo tu papá lo de tu relación con Juan?

Cuchi: Llegaron a la casa unas flores para mí con una tarjeta que decía que eran de Juan. Me pareció muy extraño, pues no queríamos que mi papá supiese nada. Y cuando le pregunté a Juan, él me dijo que no había mandado ningunas flores.

Carolina: Entonces, si no fue Juan, te las mandó alguien que quería que tu papá se enterase de la verdad. Dime, Pedro, ¿tú sabes algo de eso?

Pedro: ¿Yo? ¿Por qué?

Carolina: Porque tú mandaste las flores. A ti te convenía que el papá de Cuchi supiese que ella estaba saliendo con Juan. Pensaste que se enojaría y que le prohibiría verse con él. Y así sucedió, ¿no?

Cuchi: ¿Qué cosa? Pedro, ¿es verdad que tú mandaste las flores?

Pedro: ¡Claro que no! Ella sólo está...

Cuchi: No quiero oír más. Esto es demasiado para mí... ¡Mi pobre Juan!

(Cuchi empieza a llorar y sale corriendo de la heladería.)

Pedro: ¡Cuchi, espera, escúchame!

Diálogo N°4. *(Cuchi no le hace caso. Carolina sigue tratando de que Pedro le diga la verdad.)*

Carolina: Pedro, déjala. Ahora dime otra cosa... ¿de qué color es la motocicleta de Juan?

Pedro: Ehhhh... no recuerdo...

Carolina: Azul, ¿verdad? *(Pausa.)* Y ahora tiene manchas de pintura roja... ¿eso te dice algo?

Pedro: ¿A mí? No, ¿por qué?

Carolina: Porque tu carro es rojo y tiene raspaduras azules en la puerta.

Pedro: *(Se pone a llorar.)* Carolina, te juro que no quería causarle ningún daño a Juan. Yo estoy enamorado de Cuchi y anoche fui a su garaje para decírselo. Pero en vez de hacer eso, no sé qué me pasó y lo reté a hacer una carrera, él en su moto y yo en mi Camaro. A Juan le gustaba mucho correr... En medio de la carrera, cuando íbamos parejos, se reventó una llanta de su moto, perdió el control, chocó contra mi carro y se cayó. Yo paré y fui hasta donde él estaba para ayudarlo. Pero ya estaba muerto. Entonces me entró pánico y me fui sin pensar. Ahora comprendo que debí haber llamado a la policía. Carolina, fue un accidente...

Carolina: Pedro, ven, vamos. Es hora de que digas la verdad: A la policía y a Cuchi.

Preguntas y respuestas

Carolina conocía a Juan Castillo, un joven que murió la noche del 21 de julio en un accidente de motocicleta. Él chocó con un carro que se fue sin esperar a la policía. La policía sólo encontró unas manchas de pintura roja en la motocicleta, que tenía una llanta reventada. Carolina fue al garaje donde trabajaba Juan para buscar más claves.

A. *¿Qué cosas encontró Carolina en el cajón de Juan?*
   - Dos boletos para ir al concierto del conjunto mexicano Los Besitos Inocentes, con fecha del 11 de julio.
   - Una carta bastante fuerte con fecha del 12 de julio firmada por el papá de Cuchi.
   - Fotos de unas chicas bonitas, un casco, una chaqueta de cuero, unas gafas de sol y una llave inglesa.

B. *Escucha el diálogo Nº1. Carolina está hablando con los otros mecánicos del garaje. ¿De qué te enteraste?*
   - Hace dos años que Juan trabajaba en el garaje, sabía mucho de motocicletas, tenía una motocicleta muy buena y le gustaba correr rápido.
   - Él estaba un poco preocupado cuando se fue del garaje a las ocho de la noche pero sus amigos no sabían por qué.
   - A Juan le gustaba el rock y Los Besitos Inocentes era su conjunto favorito. Fue al concierto el 11 de julio con Cuchi LaBella.
   - Cuchi tenía quince años y era la hija del hombre más rico del pueblo.
   - Sus amigos creían que Juan era un buen tipo. Sí, era mayor que Cuchi, pero, ¿eso qué importaba?
   - Los mecánicos dijeron que Juan no tomó en serio la carta. Es cierto que el padre de Cuchi estaba muy enojado pero, según ellos, un hombre tan rico e importante no iba a ser tan tonto como para escribirle una carta y después matarlo.
   - El Sr. LaBella tenía un BMW rojo.

C. *Escucha el diálogo Nº2. Carolina fue a hablar con Paula. ¿Quién es Paula y por qué quería Carolina hablar con ella?*
   - Paula era una buena amiga de Cuchi y podía darle más información.
   - Nos enteramos que Juan murió a los veinte años.

- Cuchi estaba con Pedro en una heladería del centro. Parece que a Pedro antes no le interesaban mucho las chicas y sólo se ocupaba de su carro, un Camaro rojo. Pero últimamente sólo hablaba de Cuchi. Paula creía que Pedro estaba enamorado de Cuchi y que quería mantener su amor en secreto.
- Parece que Carolina descubrió algo en el Camaro.
- Carolina fue a la heladería para hablar con Cuchi y Pedro.

D. *Mientras Carolina camina a la heladería, hagamos un resumen de lo que ya sabemos de este misterio. ¿Quiénes tenían motivos para matar a Juan?*
- El padre de Cuchi tenía un BMW rojo y estaba muy enojado con Juan.
- Pedro tenía un Camaro rojo.
- Los dos tenían motivos para matar a Juan. El Sr. LaBella amenazó a Juan en su carta. Pedro estaba enamorado de Cuchi, entonces Juan se convirtió en su rival. ¡El amor puede ser peligroso! ¿No?

E. *Escucha el diálogo Nº3. ¿De qué acaba de enterarse Carolina en la heladería?*
- Se enteró de que la policía no encontró en el carro del Sr. LaBella señal de ningún choque.
- Cuchi dijo que su padre no era un asesino. Además, él no conducía de noche porque no veía bien en la oscuridad.
- El Sr. LaBella se enteró de la relación entre Juan y su hija cuando ella recibió unas flores con una tarjeta que decía que eran de Juan.
- Carolina acusó a Pedro de haber mandado las flores. Así, el Sr. LaBella se enojaría y le prohibiría a Cuchi que saliese con Juan.
- Cuchi le preguntó a Pedro si era verdad que él había mandado las flores y Pedro contestó que no. Cuchi no quería oír más, empezó a llorar y salió corriendo de la heladería.

F. *Escucha el diálogo Nº4 en el que Carolina sigue tratando de que Pedro le diga la verdad. ¿De qué hablaron?*
- La motocicleta de Juan era azul y el carro de Pedro tenía raspaduras de color azul en la puerta. Además, la moto tenía manchas de pintura roja.
- Entonces, Pedro decidió confesar la verdad.
- Pedro dijo que fue al garaje para decirle a Juan que estaba enamorado de Cuchi. Pero en vez de decírselo, lo retó a una carrera, él en su Camaro y Juan en su moto. En medio de la carrera, a la moto se le reventó una llanta, Juan perdió el control, chocó con el Camaro y se cayó. Pedro paró para ayudarlo, pero Juan ya estaba muerto. Entonces, a Pedro le entró pánico y se fue sin llamar ni esperar a la policía.
- Carolina le dijo que ahora lo mejor era decirles la verdad a la policía y a Cuchi, que todo había sido un trágico y absurdo accidente.

Capítulo 10

El estudiante fantasma

⌒ Los diálogos de Carolina

Diálogo N°1. *(El director del colegio Simón Bolívar habla con la prensa.)*

DIRECTOR: Me alegro de que ustedes pudieran venir. Carolina y Juan Carlos están representando a los estudiantes del colegio. Ayer el Sr. Valdez me habló de Emilio Santander, un muchacho que acaba de llegar de Perú y que estudiará en nuestra escuela. El Sr. Valdez es el jefe del departamento de matemáticas y está muy orgulloso de su equipo, el cual ganó la Copa de la Ciudad en la competencia del año pasado. Me dijo que Emilio tenía notas excelentes y que puede ayudarnos a ganarla este año otra vez.

PERIODISTA: Hemos oído también que este nuevo estudiante es un futbolista muy bueno y el mejor corredor de larga distancia de su país. El Sr. Rojas, el entrenador de atletismo, aseguró que el Simón Bolívar ganará el campeonato esta primavera con la ayuda de Emilio. ¿Qué opinas tú, Carolina?

CAROLINA: Pues, nosotros estamos muy emocionados y muy contentos de tener en nuestro colegio a un estudiante como Emilio Santander. Nadie habla de otra cosa y todas las chicas están ansiosas por conocerlo.

PERIODISTA: Todos estamos ansiosos por conocerlo, Carolina. Yo recibí una llamada por teléfono de alguien que me dio mucha información sobre él. Por eso, escribí ese artículo en *El Diario*. Según la persona que me llamó, además de buen deportista, Emilio es un magnífico estudiante y tiene muchos otros talentos.

SRA. TARÍN: ¿Así? ¡Ojalá que le guste bailar y cantar! Necesito a alguien para la comedia musical que vamos a montar.

DIRECTOR: ¡Qué va, señora Tarín! Emilio no puede hacerlo todo. ¿Acaso es Superman?

(Risas.)

PERIODISTA: Sr. director, ¿cuándo llega Emilio? Me gustaría hacerle una entrevista.

DIRECTOR: Llega mañana. Si desea, puede reunirse con él en mi oficina.

Diálogo N°2. *(Algunos profesores están conversando en el salón de maestros. Se les nota preocupados.)*

SRA. TARÍN: Salvador, ¿se ha aparecido el nuevo estudiante en tu clase?

Sr. Valdez: No. Y me molesta un poco. El director dijo que Emilio llegaba el lunes pasado, ya hace tres días, y todavía nadie lo ha visto.

Sr. Rojas: Yo también estoy bastante molesto. Si Emilio va a ayudar al equipo de atletismo esta primavera, él tiene que empezar a entrenarse desde ahora. Es curioso. Yo les pedí a unos estudiantes que lo buscaran, pero nadie ha podido encontrarlo. ¡Parece un fantasma!

(En ese momento entra la Srta. Mora.)

Srta. Mora: ¿Están hablando de Emilio Santander?

Sra. Tarín: Sí, ¿lo has visto?

Srta. Mora: No, pero he visto algo muy curioso. Como Emilio no aparecía, esta mañana fui a la oficina para pedir sus documentos y la Sra. Vidal me los mostró en la computadora. Primero había una parte que hablaba de un tal Emilio Santander y decía lo que todos sabemos: que es peruano, deportista, buen estudiante, etc., etc. Pero también había otra parte referente a una tal Emilia Santander que decía que era colombiana, muy buena estudiante de ciencias, muy aficionada al arte y que no le gustaban los deportes para nada. Aquí hay gato encerrado, ¿no?

Sr. Rojas: Sí, algo raro está pasando... Pero, ¿qué?

Srta. Mora: No sé. Es un misterio. ¡El tal Emilio resultó ser una Emilia!

Diálogo N°3. *(Carolina entra a la oficina de la escuela.)*

Carolina: Buenos días, Sra. Vidal. ¿Cómo está?

Sra. Vidal: Muy ocupada, como siempre. Dime, ¿ya oíste la noticia sobre Emilio?

Carolina: Es justo lo que quería preguntarle. ¿Qué está pasando?

Sra. Vidal: Pues parece que Emilio es una chica.

Carolina: ¿Una chica? ¿De qué habla usted?

Sra. Vidal: Esta mañana la Srta. Mora vino a pedirme información sobre Emilio, la busqué en su archivo en la computadora y adivina con qué me encontré.

Carolina: No sé, ¿con qué?

Sra. Vidal: Con una nueva información que nos llegó por módem y que hablaba de una tal Emilia Santander, que no es peruana sino colombiana y muy aficionada al arte. Ahí decía que es escultora y pintora y que no le gustan los deportes. ¿Qué me dices?

Carolina: La verdad, no sé qué pensar. *(Pausa.)* Sra. Vidal, ¿me puede mostrar el papel donde está esa información?

Sra. Vidal: No tengo ningún papel. Toda la información está en la computadora. ¿Y sabes una cosa? Si no fuera por tu hermano Juan Carlos, yo ni hubiese sabido que estaba allí.

CAROLINA: No entiendo.

SRA. VIDAL: Mira, yo no sabía nada de la existencia de ese Emilio hasta que tu hermano vino la semana pasada a pedirme su horario de clases. Busqué en los archivos y no encontré nada. Entonces, Juan Carlos me sugirió buscar en la computadora. ¡Y ahí estaba toda la información sobre Emilio! ¿Qué te parece? Se había matriculado desde el Perú por módem, de computadora a computadora. ¡Dios mío, qué avanzada que está la tecnología!, ¿no?

Diálogo Nº4. *(Carolina y Juan Carlos están hablando con el director.)*

DIRECTOR: Lo que ha pasado con este caso de Emilio no se puede quedar así. Es obvio que alguien nos ha jugado una broma y tenemos que descubrir quién fue. Los profesores y yo sospechamos que fue un estudiante. No podemos permitir ese tipo de bromas. Todos hemos estado muy preocupados.

CAROLINA: No se preocupe, Sr. Director. Nosotros vamos a descubrir quién es el bromista, ¿no es verdad, Juan Carlos?

JUAN CARLOS: Sí, Carolina. ¿Qué debemos hacer?

CAROLINA: Lo primero es hablar con el periodista.

JUAN CARLOS: ¿Con el periodista?

CAROLINA: Sí. Tal vez él pueda reconocer la voz de la persona que lo llamó para darle la información sobre Emilio. Bueno, Sr. director, hasta luego. En cuanto sepamos algo, se lo informaremos.

DIRECTOR: Adiós, Carolina. Y buena suerte.

Diálogo Nº5. *(Carolina está hablando por teléfono con el periodista.)*

CAROLINA: ¿Dice Ud. que la persona que lo llamó no quiso identificarse?

PERIODISTA: Así es. Lo único que sé es que era hombre. Por la voz parecía bien joven, casi un muchacho.

CAROLINA: Gracias, Sr. Robles. Acaba Ud. de confirmar mis sospechas.

Diálogo Nº6. *(Carolina está hablando con Juan Carlos en la escuela.)*

CAROLINA: Hermanito, creo que ya es hora de que digas la verdad.

JUAN CARLOS: ¿A qué te refieres? ¿Qué verdad?

CAROLINA: Que el bromista eres tú.

JUAN CARLOS: ¿Yo? Estás loca... No fui yo.

CAROLINA: ¿Ah no? Entonces contesta estas preguntas. Uno, ¿cómo sabías que los documentos de Emilio Santander estaban en la computadora cuando ni siquiera la Sra. Vidal lo sabía? (Pausa.) Ah, veo que no contestas... Bueno, dos, ¿quién tiene un módem en su computadora? (Pausa.) Tampoco contestas...Y tres, ¿quién llamó al periodista? ¿Sabías que el que lo llamó era un muchacho joven como tú? *(Pausa.)* ¿Qué pasa, hermanito? ¿Un ratoncito te comió la lengua? ¿Por qué no me dices la verdad?

JUAN CARLOS: ¡Hermana, eres increíble! Nunca he podido engañarte. Siempre lo descubres todo. Es verdad, fui yo.

CAROLINA: ¡Lo sabía! Pero dime, ¿por qué lo hiciste?

JUAN CARLOS: Sólo para divertirme. Mi intención no fue causarle daño a nadie. Fue durante las vacaciones de la Navidad... me sentía aburrido y decidí hacerle una broma a la escuela. Fue fácil crear los documentos para matricular a un estudiante fantasma en el Simón Bolívar. Me divertí mucho creando a Emilio Santander. ¡Un chico perfecto! Y ahora todas las muchachas están hablando de él sin saber que no existe. ¡Qué gracioso!, ¿no?

CAROLINA: ¡No tiene nada de gracioso! Tuviste a todo el mundo preocupado. ¿No te da vergüenza?

JUAN CARLOS: No pensé que iba a preocupar a nadie, Carolina. Por eso, cuando me di cuenta de que la broma había ido demasiado lejos, mandé otros documentos que hablaban de una tal Emilia Santander. Pensé que así el director y los profesores se darían cuenta de que todo era una broma.

CAROLINA: Y así sucedió. *(Pausa.)* Bueno, ya sabes lo que tienes que hacer ahora, ¿no?

JUAN CARLOS: No. ¿Qué tengo que hacer?

CAROLINA: Ir donde el director a contárselo todo. Sólo así puedes arreglar lo que has hecho.

JUAN CARLOS: Está bien, lo haré. Espérame aquí, por favor.

(Juan Carlos entra a la oficina del director. Vuelve a salir después de unos quince minutos.)

CAROLINA: ¿Y...? ¿Por qué estás tan triste?

JUAN CARLOS: El director me castigó. Primero tengo que contarle mi broma públicamente a toda la escuela y después tengo que trabajar cincuenta horas para la ciudad. Mi trabajo será enseñar a niños a usar la computadora, pero sin enseñarles a hacer bromas.

CAROLINA: Bueno, podría ser peor... Pero recuerda que todavía tienes que contarle todo a papá.

JUAN CARLOS: ¿A papá? No, Carolina, por favor. Te prometo que nunca más haré una broma.

CAROLINA: No tengas miedo. Ya sabes que con la verdad papá es siempre comprensivo. Lo que no le gusta es que le mientan. Ven, vamos, ya debe estar en casa.

JUAN CARLOS: ¡Dios mío! ¡Eso me pasa por tener una hermana detective!

CAROLINA: No, Juan Carlos. Eso te pasa por bromista.

Preguntas y respuestas

A. *Mira el primer dibujo. ¿Qué hacen Carolina y su hermano menor, Juan Carlos, en la oficina del director del colegio Simón Bolívar?*

- El director tiene una entrevista con un periodista sobre los logros de un estudiante que se llama Emilio Santander.
- Carolina y Juan Carlos están representando a los estudiantes del colegio. También hay varios profesores en la reunión.
- El director parece estar muy orgulloso de este estudiante y todo el mundo está sonriendo.
- El periódico indica que la fecha de hoy es el nueve de enero.

B. *Escucha el diálogo N°1 en el que el director habla con la prensa acerca de Emilio. ¿Cuáles fueron los comentarios?*

- El director se alegró de que todo el mundo pudiera venir a charlar sobre el nuevo estudiante. El Sr. Valdez le dijo que Emilio tenía notas sobresalientes en matemáticas y que sería una gran ayuda para el equipo de matemáticas que ganó la Copa de la Ciudad el año pasado.
- Un periodista anunció que Emilio era muy bueno en fútbol y el mejor corredor de larga distancia del Perú y que podría llevar al equipo de atletismo a ganar el campeonato esta primavera.
- Carolina dijo que todas las chicas estaban ansiosas por conocerlo.
- El periodista dijo también que recibió una llamada por teléfono de alguien para darle información sobre Emilio. Por eso, escribió un artículo acerca de sus capacidades intelectuales y deportivas.
- La Sra. Tarín esperaba que Emilio se interesara en su comedia musical, pero el director le dijo que el muchacho no puede hacerlo todo.
- El periodista quería hacerle una entrevista a Emilio.

C. *Escucha el diálogo N°2. ¿Por qué están preocupados los profesores?*

- Los profesores Tarín, Valdez y Rojas están charlando en el salón de maestros. Sabemos que es el doce de enero porque hace tres días que Emilio Santander asiste al colegio Simón Bolívar y nadie lo ha visto.
- El Sr. Rojas les pidió a unos estudiantes que buscaran a Emilio, pero no pudieron encontrarlo.
- La Srta. Mora entró al salón de maestros con una noticia. Había buscado los documentos de Emilio en la computadora y dijo que aparecía información sobre una tal Emilia Santander que era colombiana y le gustaban las artes. Dijo que el tal Emilio había resultado ser una Emilia.

D. *Mira el segundo dibujo. ¿Puedes adivinar lo que pasa en la oficina de la escuela? ¿Qué significa la fecha en el calendario?*

- El calendario muestra que la fecha de hoy es el cinco de enero. Entonces, eso es una escena retrospectiva que nos muestra acontecimientos pasados relacionados con este misterio.

- Juan Carlos está hablando con la secretaria. Se ven en la pantalla de su computadora las notas de Emilio Santander. Pero no sabemos lo que pasa.

E. *Escucha el diálogo Nº3 en el que Carolina habla con la secretaria, la Sra. Vidal. ¿Qué le dijo la Sra. Vidal?*

- La Sra. Vidal le preguntó a Carolina si había oído la noticia sobre Emilio. Le dijo que parecía que Emilio era una chica.

- Le explicó que la Srta. Mora vino a pedirle información sobre Emilio, la buscó en la computadora y encontró una información que hablaba de una tal Emilia Santander.

- Carolina le pidió que le diera el papel donde estaba la información. La Sra. Vidal le dijo que toda la información estaba sólo en la computadora y que si no fuera por Juan Carlos, ella ni siquiera hubiese sabido que estaba allí.

- Dijo que Juan Carlos había ido a su oficina para pedirle el horario de clases de Emilio y que le sugirió que lo buscara en la computadora.

- Parece que Emilio se matriculó desde Perú por módem.

F. *Escucha el diálogo Nº4 en el que Carolina y Juan Carlos hablan con el director. ¿Qué sucedió?*

- El director estaba enojado porque alguien les había jugado una broma y él y los profesores sospechaban que fue un estudiante.

- Carolina le dijo que ella y Juan Carlos iban a descubrir al bromista. Lo primero que debían hacer era hablar con el periodista para ver si él podía reconocer su voz.

- El director les deseó buena suerte.

G. *Escucha el diálogo Nº5 en el que Carolina habla por teléfono con el periodista. ¿De qué hablaron?*

- El periodista le dijo que la persona que lo llamó no quiso identificarse. Que lo único que sabía es que era hombre y que por la voz parecía muy joven, casi un muchacho.

- Carolina le dio las gracias y le dijo que acababa de confirmar sus sospechas.

H. *Escucha el diálogo N°6 en el que Carolina habla con Juan Carlos en la escuela. ¿Qué pasó?*

- Carolina le dijo a su hermano que ya era hora de decir la verdad. Le dijo que el bromista era él. Le pidió también que contestara unas preguntas: ¿Cómo sabía él que los documentos de Emilio Santander estaban en la computadora cuando ni siquiera la Sra. Vidal lo sabía? ¿Quién tenía un módem en su computadora? ¿Quién había llamado al periodista para darle la información sobre Emilio?

- Juan Carlos confesó la verdad. Dijo que lo hizo para divertirse. Estaba de vacaciones, se sentía aburrido y decidió hacerle una broma a la escuela. Explicó que fue fácil crear los documentos para matricular a un estudiante fantasma.

- Carolina le dijo que su broma no tenía nada de gracioso, que había preocupado a muchas personas.

- Juan Carlos contestó que no pensó que iba a preocupar a nadie. Por eso, cuando se dio cuenta de lo que había causado, mandó otros documentos sobre una tal Emilia Santander. Pensó que así todos se darían cuenta de la broma.

- Carolina le dijo que tenía que ir donde el director para contárselo todo.

- Juan Carlos fue a hablar con el director. El director lo castigó. Primero tenía que contar públicamente su broma a toda la escuela y después tenía que trabajar cincuenta horas enseñando a niños a usar la computadora.

- Carolina le dijo que tenía que contarle la verdad a su papá. Que no tuviera miedo, que con la verdad su papá era siempre comprensivo.

Capítulo 11

Una muerte en el gimnasio

⌒ Los diálogos de Carolina

Diálogo N°1. *(Carolina está en el gimnasio Los Dioses del Olimpo. De repente oye los gritos de dos mujeres y se acerca a ellas para ver qué pasa.)*

CAROLINA: Inés, Josefina, ¿qué le pasa a Roberto?

INÉS: Parece que está muerto, Carolina. ¡Qué horror!

CAROLINA: ¿Muerto? Deja ver. *(Carolina se acerca a Roberto y pone el oído sobre su pecho.)* Tienes razón. No respira...

JOSEFINA: ¡Dios mío! Inés y yo llegamos hace unos minutos y lo encontramos así. Tenía esa barra sobre el cuello y ya no estaba respirando. Gritamos "¡socorro!" pero nadie nos oyó. Entonces tratamos de levantar la barra, pero no pudimos. Tenía varias pesas y era demasiado pesada para nosotras. Tuvimos que sacar esas pesas que están en el suelo para poder levantar la barra.

INÉS: A mí nunca me gustó este hombre tan machista. ¡Pero Dios mío, qué muerte tan horrible!

CAROLINA: Comprendo, Roberto Pintado no tenía muchas amigas. Pasaba el tiempo con sus amigotes que lo único que les interesaba eran sus músculos y su apariencia física.

INÉS: Así es. Yo salí con él hace unas semanas. Me invitó a ir a un baile a la discoteca Maya en el centro. Bailó conmigo como un bruto, peor que un animal, y me fui sola a casa. No podía soportarlo.

JOSEFINA: Yo tuve la misma experiencia con él cuando fuimos a ver una película el fin de semana pasada. Trató de besarme en el cine a la fuerza, pero yo lo rechacé. ¡Era una persona muy egocéntrica! Sólo pensaba en él mismo. Después de esa vez, nunca más le hablé una sola palabra.

CAROLINA: No era para menos. Bueno, voy a la oficina para llamar a la policía. Esperen aquí, por favor.

Diálogo N°2. *(Carolina entra a la oficina para usar el teléfono. Allí, se encuentra con el gerente, el Sr. Vargas.)*

CAROLINA: Sr. Vargas, Roberto Pintado acaba de tener un accidente, está muerto. ¿No oyó Ud. los gritos de Inés y Josefina?

SR. VARGAS: ¡Ah, eres tú, Carolina! Disculpa, estaba distraído, ¿qué dijiste?

CAROLINA: Venga a la ventana, desde aquí se puede ver el cuerpo de Roberto. Parece que murió aplastado por una pesa.

SR. VARGAS: ¡Qué barbaridad! Voy a llamar a la policía.

(El Sr. Vargas termina de hablar con la policía.)

SR. VARGAS: La policía llegará en unos minutos.

CAROLINA: Ud. y Roberto eran buenos amigos, ¿verdad?

SR. VARGAS: Sí, hace cinco años que nos conocemos. Hacíamos pesas juntos y a menudo íbamos al hipódromo porque nos gustaba mucho jugar a los caballos. Ganábamos poco, pero nos divertíamos mucho. Bueno, la verdad es que él perdía más que yo y siempre me pedía que le prestara dinero.

CAROLINA: ¿Le debía mucho?

SR. VARGAS: Sí, me debía bastante.

CAROLINA: ¿Y nunca le pagó?

SR. VARGAS: Pues, siempre me decía que iba a pagarme, pero nunca me pagó. ¡Fui muy tonto en prestarle tanto dinero! Roberto no era un hombre honesto.

CAROLINA: Sr. Vargas, quisiera ver otra vez la escena del accidente. ¿Me acompaña?

SR. VARGAS: No, Carolina, prefiero quedarme aquí.

CAROLINA: Está bien, ahora regreso.

Diálogo N°3. *(Carolina vuelve a la escena del accidente, donde todavía están Josefina e Inés. Sin tocar nada, Carolina observa con cuidado las cosas que están junto al cuerpo de Roberto.)*

CAROLINA: Ya llamamos a la policía. Llegará en unos minutos. Mientras tanto, ¿una de ustedes me podría hacer un favor? Se me ha roto una uña. ¿Me podrían prestar una uña postiza?

JOSEFINA: Lo siento, pero yo no uso uñas postizas.

INÉS: Yo tampoco, Carolina. Lo siento.

CAROLINA: Bueno, no importa. Ahora tengo que volver a la oficina. No se vayan, seguramente la policía va a querer hablar con ustedes.

Diálogo N°4. *(Carolina entra a la oficina. Están dando las noticias por la radio.)*

LOCUTOR: Aquí estamos, Radio El Sol, la primerísima en su dial 83 FM, con el noticiero "El Mundo en 15 Minutos". Se informó que hace dos horas, un americano de Miami se ganó El Gordo, es decir el primer premio de la lotería ONCE de España. Su cupón, que se lo había comprado un amigo de Madrid, tenía el número 3748860. Hoy día, a las dos y media, el feliz ganador llegó a la oficina estadounidense de ONCE y recibió su cheque por trescientos millones de pesetas, o sea, unos dos millones de dólares. ¡Qué hombre tan afortunado!

Diálogo Nº5. *(Al escuchar esta noticia el Sr. Vargas reacciona de forma muy nerviosa.)*

SR. VARGAS: ¡Apaga la radio! ¡No quiero escuchar más tonterías!

CAROLINA: Pero señor, Ud. conoce al ganador. El señor Pintado se ganó El Gordo con el cupón que todavía está en su bolso. Él estaba muy feliz y emocionado cuando llegó aquí, ¿verdad?

SR. VARGAS: Sí. *(Se enoja.)* ¡Qué tipo tan fanfarrón! Desde que llegó empezó a hablarme de sus proyectos. Pensaba hacer varios viajes, primero a Europa, después a la India, al Japón, al África y a un montón de otros sitios. También me dijo que iba a comprarse una casa con piscina y un carro último modelo. ¡Pero ni una sola palabra del dinero que me debía! Yo creía que era mi amigo, porque además de prestarle dinero, yo siempre lo ayudaba con su entrenamiento. Y... y... cuando tuvo un poco de suerte, se olvidó de mí. Eso no es justo.

CAROLINA: Pero, ¿Ud. no le pidió que le pagara?

SR. VARGAS: ¡Claro que sí! Pero no me hizo caso.

CAROLINA: Y después, ¿qué pasó?

SR. VARGAS: Después él se fue a levantar pesas y yo me quedé en mi oficina.

CAROLINA: ¿Y no vio ni oyó nada?

SR. VARGAS: No, estaba trabajando y tenía la puerta cerrada.

CAROLINA: Entonces no sabe cómo murió el señor Pintado...

SR. VARGAS: Yo no vi nada, pero seguramente lo mataron esas dos mujeres que están allí afuera. Ellas tenían muy buenos motivos para hacerlo. Odiaban a Roberto porque era un bruto y las maltrataba. Él mismo me contó lo que hizo con ellas.

CAROLINA: ¿Y Ud. cree que ése es motivo suficiente para matar a alguien?

SR. VARGAS: ¿Por qué no? Además, ellas dejaron su revista y sus uñas postizas al lado del cuerpo. ¡Eso prueba que son las asesinas!

(En ese momento llega la policía.)

CAROLINA: Ahí está la policía, Sr. Vargas. ¿Por qué no se ahorra tiempo y les dice la verdad?

SR. VARGAS: La verdad es lo que te acabo de decir, Carolina.

CAROLINA: No, Sr. Vargas, eso no es cierto. Todas las claves indican que el asesino es usted.

SR. VARGAS: ¿De qué estás hablando?

CAROLINA: Se lo diré después. Ahora voy a hacer mis ejercicios. Con permiso.

Preguntas y respuestas

A. *Mira el dibujo. Carolina acaba de llegar al gimnasio para hacer ejercicios. Oyó un grito de horror cuando entró. ¿Qué pasó?*

- Había un hombre musculoso acostado en un banco con unas pesas sobre su pecho. Tenía una contusión en el cuello. Había cuatro pesas más de 45 libras cada una en el suelo debajo del banco. El hombre estaba muerto.

- Al lado del hombre había dos mujeres asustadas. Llevaban ropa deportiva típica de un gimnasio. Eran delgadas y estaban en buena forma. Carolina estaba en la puerta, mirando a sus amigas.

- Debajo del banco se veía también una revista, *Mujer Moderna,* y unas uñas postizas. Un bolso con una toalla y un cupón de la lotería ONCE estaban sobre la mesa de al lado. Parecía que le pertenecía al señor R. Pintado.

- En la pared el reloj indica que eran las tres y media de la tarde.

B. *Escucha el diálogo N°1 en el que Carolina habla con las dos mujeres asustadas. ¿De qué hablaron?*

- Se enteró de que Inés y Josefina encontraron el cuerpo cuando entraron al gimnasio. Gritaron pidiendo ayuda, pero nadie las oyó. Trataron de ayudarlo, pero no podían levantar la barra. Tuvieron que sacar unas pesas para poder moverla.

- Cuando lograron levantar la barra del cuello, era demasiado tarde porque Roberto Pintado ya estaba muerto.

- Las dos mujeres tuvieron malas experiencias con Roberto cuando salieron con él. Era un hombre machista y egocéntrico que no respetaba a las mujeres y las trataba como objetos.

- Carolina les dijo que se quedaran allí y se fue a la oficina para llamar a la policía.

C. *Escucha el diálogo N°2. Carolina descubre que ellas no estaban solas en el gimnasio. ¿Qué sucedió?*

- El gerente, el Sr. Vargas, estaba en la oficina pero le dijo que no oyó los gritos de las mujeres. Parecía distraído o sorprendido con la llegada de Carolina.

- Carolina le dijo que Roberto estaba muerto y el Sr. Vargas llamó a la policía.

- Roberto y él hacían pesas juntos e iban a menudo al hipódromo, donde perdían mucho dinero. Roberto perdía más que el Sr. Vargas y siempre le pedía dinero. Roberto le debía bastante dinero al Sr. Vargas, pero nunca le pagó.

- El Sr. Vargas pensaba que Roberto no era un hombre honesto.

- Carolina le dijo que quería ver otra vez la escena del accidente. Le preguntó al Sr. Vargas si quería acompañarla, pero él dijo que prefería quedarse en su oficina.

D. *Escucha el diálogo Nº3 en el que Carolina examina las cosas que están junto al cuerpo de Roberto. ¿Se ven unas claves importantes?*

- Carolina les pidió a Inés y a Josefina que le prestaran una uña postiza. Ellas le dijeron que no usaban uñas postizas.

- Carolina les dijo que se quedaran allí y regresó a la oficina del Sr. Vargas.

- Carolina vio algunas claves importantes. ¿Cuáles son? Mira bien otra vez el dibujo.

- Las pesas debajo del banco estaban en la barra cuando Roberto murió. Es lógico pensar que un hombre tan musculoso como Roberto no tenía problemas para levantar una barra con 240 libras de peso.

- Junto al banco había una revista, *Mujer Moderna,* y unas uñas postizas. ¿De quién crees que son?

E. *Escucha el diálogo Nº4. Carolina escucha una noticia muy interesante por la radio. ¿Cuál es?*

- Las noticias decían que un americano de Miami acababa de ganarse El Gordo, es decir, el primer premio de la lotería ONCE de España.

- Su cupón tenía el número 3748860 y había sido comprado por un amigo del ganador en Madrid.

- El afortunado y feliz ganador llegó hace dos horas a la oficina estadounidense de ONCE para recibir sus trescientos millones de pesetas.

F. *Escucha el diálogo Nº5. ¿Cómo reaccionó el Sr. Vargas a estas noticias? Según Carolina, ¿quién mató a Roberto? ¿Por qué?*

- El Sr. Vargas le dijo a Carolina que apagara la radio. Se enojó cuando Carolina identificó al Sr. Pintado como el ganador de El Gordo.

- Roberto le habló de sus planes y no mencionó el dinero que le debía al Sr. Vargas. Esto fue un golpe muy duro para el Sr. Vargas porque él siempre había ayudado a Roberto con su entrenamiento.

- Cuando Carolina le preguntó sobre la muerte de Roberto, el Sr. Vargas contestó que él no vio nada y acusó a Inés y a Josefina de ser las asesinas. Según él, ellas tenían motivos porque Roberto las había maltratado. Además, ellas dejaron sus uñas postizas y la revista *Mujer Moderna* junto al banco.

- En ese momento llegó la policía y Carolina le aconsejó al Sr. Vargas que dijera la verdad porque había claves suficientes que probaban que el asesino era él y no las dos mujeres.

- La revista no era prueba suficiente para acusar a Inés y a Josefina. Es una revista muy popular que puede conseguirla cualquiera en cualquier parte. Carolina descubrió también que ni Inés ni Josefina usaban uñas postizas, ¿recuerdas?

- Ni Inés ni Josefina eran lo suficientemente fuertes como para estrangular con una barra tan pesada a un hombre tan fuerte y musculoso como Roberto. El Sr. Vargas sí era fuerte. ¿Recuerdas que él hacía pesas con Roberto y lo ayudaba con su entrenamiento? El Sr. Vargas mató a Roberto porque éste no quiso pagarle el dinero que le debía. Él lo estranguló con la barra y después puso la revista y las uñas postizas debajo del banco para inculpar a Inés y Josefina. Él sabía la hora en que ellas acostumbraban llegar al gimnasio.

Capítulo 12

La postal sospechosa

ᴖ Los diálogos de Carolina

Diálogo N°1. *(Es el primero de febrero y el Sr. Fuentes está recordando una conversación que tuvo con su hija Lupe un poco antes de las vacaciones de Navidad.)*

LUPE: ¡Papá! ¡Tengo unas noticias increíbles! Mi profesor de español está organizando una excursión a España para el mes de febrero. ¿Puedo ir? Para mí sería una experiencia maravillosa. Podría ver con mis propios ojos todo lo que estoy aprendiendo en mi curso sobre la cultura española.

SR. FUENTES: Suena interesante... ¿Adónde van a ir? ¿A Madrid?

LUPE: No, a un pueblo muy bonito que está cerca de Toledo. Se llama Playa Azul y tiene una universidad. Allí voy a tomar algunas clases y a vivir la vida diaria de los españoles. ¡Y sólo cuesta dos mil dólares! Eso incluye todo: viaje, comida y casa. Buenísimo, ¿no?

SR. FUENTES: Sí, no está mal...

LUPE: Entonces, papito, ¿me dejas ir?

SR. FUENTES: Sí, me parece una buena idea. Tal vez en ese ambiente puedas pensar más en tus estudios y menos en los muchachos.

LUPE: Si me das un cheque, mañana mismo puedo ir a inscribirme en el programa. Lo mejor es hacerlo cuanto antes.

SR. FUENTES: Te lo doy mañana antes de irme al trabajo. ¿Está bien?

LUPE: Sí, papito. ¡Un millón de gracias! ¡Eres el papá más bueno del mundo!

Diálogo N°2. *(Ha pasado una semana y ahora el Sr. Fuentes está en su oficina hablando con el Sr. Colón, un compañero de trabajo.)*

SR. FUENTES: José, tu hijo estuvo el año pasado en ese programa que tiene la universidad en España, ¿no?

SR. COLÓN: Iba a ir, pero al final se enfermó y tuvo que quedarse. ¿Por qué lo preguntas?

SR. FUENTES: Porque mi hija Lupe está en ese programa. La dejé ir porque el año pasado sacó malas notas en español y pensé que este viaje la podría ayudar. Además, quiero que aprenda más sobre la cultura española. Dime, ¿qué tal es el programa? ¿Sabes algo?

SR. COLÓN: He oído que es muy bueno. También hay otro en México, en Cuernavaca, que dicen que es excelente. Es muy popular entre los estudiantes.

SR. FUENTES: Sí, ése lo conozco. Bueno, espero que el programa de España sea bueno y que Lupe aproveche su estadía allí.

SR. COLÓN: Estoy seguro de que lo hará, Javier. Lupe no es una chica tonta. No te preocupes.

Diálogo N°3. *(El Sr. Fuentes le muestra a Carolina la postal que acaba de recibir de su hija Lupe. Están en la oficina de la escuela, donde Carolina trabaja durante el año escolar.)*

SR. FUENTES: Carolina, mira esta postal que recibí de Lupe la semana pasada. Hay algo aquí que me molesta pero no sé qué es.

CAROLINA: A ver. *(Carolina lee la postal.)* Mmmmm... Efectivamente, Sr. Fuentes, aquí hay algo raro... pero prefiero no decir nada hasta estar completamente segura. Dígame, ¿cuándo regresa Lupe?

SR. FUENTES: Pasado mañana. ¡Dios mío, cómo pasa el tiempo! Ya lleva dos semanas en España.

CAROLINA: ¿Puedo quedarme con todo esto? Necesito hacer algunas investigaciones...

SR. FUENTES: Claro, Carolina. Pero avísame en cuanto sepas algo.

CAROLINA: Pierda cuidado, Sr. Fuentes. Si descubro algo, le prometo que usted se enterará.

SR. FUENTES: Gracias, Carolina. Adiós.

CAROLINA: Adiós, Sr. Fuentes.

Diálogo N°4. *(Lupe acaba de regresar de su viaje y Carolina ha ido a verla a la residencia de su universidad.)*

CAROLINA: Hola, Lupe. ¿Puedo entrar?

LUPE: ¡Carolina! ¿Qué haces aquí?

CAROLINA: Necesito hablar contigo. Dime, ¿qué tal la pasaste en México?

LUPE: ¿México? Querrás decir España... Mira, la pasé divino.

CAROLINA: Lupe, sé que no estuviste en España sino en México...

LUPE: No sé de qué me hablas, Carolina. Acabo de regresar de España y...

CAROLINA: Y la pasaste padrísimo yendo al Zócalo y al ballet folclórico, ¿verdad? Tu papá no sabe que "padrísimo" y "Zócalo" son palabras que sólo se usan en México, pero yo sí.

LUPE: ¿Y eso qué tiene que ver? Mira la postal que tienes en la mano. ¿No ves que la estampilla es de España? Eso prueba que estuve allí.

CAROLINA: Eso fue lo que me confundió al principio. Como la estampilla lleva los nombres de los dos países, no sabía si era de España o de México. Pero fui a la biblioteca a investigar. Allí descubrí que esta estampilla para conmemorar el V Centenario fue hecha en México. Además, miré un mapa de España y no vi ninguna playa cerca de Toledo porque Toledo no tiene mar. Conclusión lógica: Tú estuviste en México.

LUPE: ¡Contigo no se puede, Carolina! ¡Eres peor que Sherlock Holmes!

CAROLINA: Lupe, ¿por qué le mentiste a tu papá?

LUPE: Porque yo quería unas buenas vacaciones en la playa y mi papá no me hubiese dejado ir a México.

CAROLINA: Pues hiciste muy mal. Ahora tienes que decirle toda la verdad.

LUPE: No puedo, Carolina. ¡Me va a matar! Además, en México conocí a un muchacho bien simpático, estudiante en la universidad, que me enseñó español y un montón de cosas sobre su país. Se llama Marco y ¡es guapísimo! Viene a visitarme el 13 de marzo.

CAROLINA: Si le cuentas todo eso a tu papá, tal vez el castigo que vas a recibir no sea tan malo.

LUPE: Ay, ojalá tengas razón, Carolina. Me muero de miedo.

CAROLINA: Vamos, te acompaño. Para estas cosas lo mejor es ir siempre con una amiga.

Preguntas y respuestas

A. *Mira la primera parte del dibujo. ¿Qué ves?*

- Hay una postal escrita en español que tiene una estampilla para conmemorar el V Centenario. Parece que Lupe está en un pueblito de España y quiere darle las gracias a su padre por haberla mandado a estudiar allí.

B. *Escucha el diálogo N°1. Es el primero de febrero y el Sr. Fuentes está recordando una conversación que tuvo con su hija Lupe un poco antes de las vacaciones de Navidad. ¿De qué hablaron?*

- Lupe le pidió permiso para ir a una excursión a España. Unos estudiantes y profesores iban a pasar el mes de febrero en un pueblito bonito cerca de Toledo.
- Su padre le dio permiso porque era un programa en una universidad de España y pensó que podía ayudarla en sus estudios.
- El Sr. Fuentes le dio un cheque de 2.000 dólares para pagar los gastos.

C. *Escucha el diálogo N°2. Ha pasado una semana y ahora el Sr. Fuentes está en su oficina hablando con el Sr. Colón, su compañero de trabajo. ¿Qué dijeron?*

- El Sr. Fuentes le contó que su hija estaba en España estudiando en un programa de una universidad. El año pasado ella había sacado malas notas en español. El Sr. Fuentes quería que Lupe aprendiera más sobre la cultura española.
- El Sr. Colón dijo que había oído que el programa era muy bueno.
- El Sr. Fuentes esperaba que su hija aprovechara su estadía en España. El Sr. Colón le dijo que estaba seguro de que Lupe lo haría porque no era una chica tonta.

D. *Mira otra vez la primera parte del dibujo. A primera vista todo parece normal. Pero, ¿es una postal proveniente de España? Hay unas claves que nos indican algo más.*

- Hay unas palabras que son más mexicanas que españolas o que se usan más en México que en España.
- ¿De dónde viene la estampilla?

E. *Escucha el diálogo N°3. El Sr. Fuentes le muestra a Carolina la postal que acaba de recibir de su hija Lupe. Están en la oficina de la escuela, donde Carolina trabaja durante el año escolar. ¿Cómo reaccionó Carolina?*

- El Sr. Fuentes le mostró la postal porque algo le molestaba y no sabía qué era.
- Carolina leyó la postal y dijo que había algo raro, pero no quería decir qué era hasta estar completamente segura. Preguntó cuándo llegaba Lupe y el Sr. Fuentes le contestó que pasado mañana. Lupe ya llevaba dos semanas en España.
- Carolina se quedó con la postal porque necesitaba hacer algunas investigaciones. Le prometió al Sr. Fuentes avisarle si descubría algo.

F. *Escucha el diálogo N°4. Lupe acaba de regresar de su viaje y Carolina ha ido a verla a la residencia de su universidad. ¿Qué sucedió?*

- Carolina le dijo a Lupe que ya sabía que ella había estado en México y no en España. Lupe lo negó. Carolina le dijo que su papá sospechaba algo, pero que no sabía qué era. Seguramente no sabía que "padrísimo" y "Zócalo" son palabras que sólo se usan en México.
- Lupe le preguntó si no veía que la estampilla venía de España. Carolina contestó que eso fue lo que la confundió al principio, pero que después se dio cuenta de la verdad. Ella fue a la biblioteca y descubrió que la estampilla había sido hecha en México. Miró también un mapa de España y vio que no había ninguna playa cerca de Toledo porque Toledo no tiene mar. Entonces, la conclusión lógica era que Lupe había estado en México.
- Lupe le mintió a su papá porque quería pasar unas vacaciones en la playa y sabía que su papá no la dejaría ir. Carolina le dijo que hizo muy mal y que ahora tenía que decirle la verdad. Lupe pensaba que su papá la iba a matar.
- Lupe dijo que en México conoció a un muchacho que le enseñó español.
- Lupe dijo que Marco era guapísimo y que iba a venir a visitarla el 13 de marzo.
- Carolina dijo que iba a acompañar a Lupe para decirle la verdad a su papá. Dijo que para esas cosas lo mejor es siempre ir con una amiga.

G. *Ahora mira la segunda parte del dibujo. ¿Qué ves?*

- Vemos dos finales posibles para este cuento.
- Marco va a llegar el 13 de marzo para visitar a Lupe. ¡Su padre no va a estar muy contento!
- O tal vez, Lupe va a sacar una nota sobresaliente en español. ¡Qué encantado estaría su papá!